扫码可得朗读音频

桥梁书版

给孩子的
中国历史故事

汤芸畦 著
单敏捷 审读

从尧舜禅让到
春秋争霸

北京联合出版公司
Beijing United Publishing Co.,Ltd.

图书在版编目（ＣＩＰ）数据

给孩子的中国历史故事：桥梁书版：全四册 / 汤芸畦著；单敏捷审读． -- 北京：北京联合出版公司，2022.11

ISBN 978-7-5596-5471-7

Ⅰ．①给… Ⅱ．①汤… ②单… Ⅲ．①中国历史－古代史－少儿读物 Ⅳ．① K220.9

中国版本图书馆 CIP 数据核字 (2021) 第 151694 号

给孩子的中国历史故事 ： 桥梁书版 ： 全四册

作　　者：汤芸畦
出 品 人：赵红仕
责任编辑：牛炜征
封面设计：王　鑫

北京联合出版公司出版
（北京市西城区德外大街83号楼9层 100088）
北京新华先锋出版科技有限公司发行
大厂回族自治县德诚印务有限公司印刷　新华书店经销
字数287千字　620毫米×889毫米　1/16　39印张
2022年11月第1版　2022年11月第1次印刷
ISBN 978-7-5596-5471-7

定价：128.00元（全4册）

目录

距今四千一百多年前，当上古尧（yáo）帝的时候，有一位姓姚名重华的，他曾在历山地方耕田，也曾以捕鱼为业，又做过烧窑（yáo）、贩卖杂货等事。他的生活极穷苦，后来接着尧帝的位，做了中国天子，国号叫作虞（yú），到他死后，后人加他以谥（shì）号叫作舜（shùn）。

舜幼时的生活，已然是极其穷苦，而他的命运，也是极其不幸。舜的父亲是一个极不识好歹的人，人家叫他作瞽叟（Gǔ Sǒu），以为他虽然有眼睛，却是和瞎子一样。舜的母亲早死，父亲娶了一个继妻，他的命运从此更遭不幸了，因为他的继母生了一个儿子，名叫象，他的父亲和继母，偏偏疼爱象，把①舜厌恶到极点。等到象已长大，象又帮助父母为虐，并且时

———————

① 把：将，拿。

常对着父母诉说舜的坏处，弄得父母竟视舜为眼中钉；舜虽百般顺承父母，终归不能得父母的欢心，只得常走到野外，向着天大声号哭。

舜的处境，有这样的艰难，然而因为他对父母的孝顺和待人的忠实，他的名誉却一天一天高起来了。

这时尧帝年老，想找一个有德行的人，来代替他做天子，听说舜的名誉很好，就把他的两个女儿：一叫娥皇，一叫女英，都给舜做了妻子，又使他的九个儿子和舜居住在一起，以看舜对待内外的事，究竟怎样。娥皇、女英嫁了舜后，受了舜的感化，绝不敢以为自己是天子的女儿稍存骄傲之心，就是九个男儿，也受了同化，比较以前，更加诚实。尧帝很是欢喜，就制备了新衣服、七弦琴给舜做赏赐，还命人替舜筑造仓廪（lǐn）①，又赐给一些牛羊，舜的生活，从此着实充裕（yù）了。

瞽叟夫妻和象见舜过这种优裕的生活，心里很不耐烦，嫉妒和愤怒的心思便似烈火般燃烧着，就不惜用一种恶毒的手段来对付舜。

---

① 仓廪（lǐn）：储藏粮食的仓库。

一天，瞽叟对舜说："仓廪坏了，你须得去用泥涂好，免得老鼠去偷窃谷食。"舜回说："是。"

那天晚上，舜便把这事告诉娥皇和女英，并且说："我明天就要去修理仓廪。"聪明的娥皇和女英，即刻见到了瞽叟使舜去修理仓廪的意思，便对舜说："你在上面修理仓廪，须防他们在下面放火。你如果能学鸟类的飞行方法，便没有危险。"当晚舜和娥皇、女英共研究了飞行的方法。

第二天，舜预备好了，带着泥和锹（qiāo）等件，去修理仓廪。瞽叟在先 ① 也预备了茅草等物，堆积在下面，等到舜在上面修理仓廪的时候，便在下面放起火来，一时火光熊熊 ②，眼见得舜马上就要被火烧死。但是舜早已预料有这回事发生，所以研究了飞行的方法，一眼望见火光冲天，截断归路，便把先预备的雨伞两柄，一个手腋下夹着一柄，学着鸟飞一样，乘势望空飞下，果然轻轻地落在地上，没有受到丝毫的损伤。

象对瞽叟道："爸爸，你这计策不好，他可以跳

---

① 在先：事先。
② 熊熊：形容火势旺盛。

下来，所以治他不死。"瞽叟说："你有什么好计策呢？"象回说："仓廪上四围都是出路，所以容易逃脱，如果引他到地下，便没有方法可逃，下次你可以命他去洗涤（dí）①井中污秽（huì），我们在上面塞住井口，那还怕他不死吗？"瞽叟称赞道："你这计策很妙。"

过了好久，瞽叟命舜去洗涤井中污秽。舜是一个素来承顺父母的人，明知父亲的立意不好，总不能不应允（yǔn），于是又和娥皇、女英商议怎样对付。娥皇、女英教舜在井的旁边，开一个隧道，和另外一个井相通，以便从这个井口进去，再由另外一个井口出来。舜就急忙预备，秘密开了一个隧（suì）道，除两个妻子以外，没有一个人知道。

这天，舜遵父亲的命，走入井中，去洗涤污秽。瞽叟和象，以为机会到了，忙地挑了许多泥土，塞入井中，把一个井口封闭得坚坚固固，舜的消息，一点也没有了。象以为舜一定死了，便很欢喜地说道："这次弄死哥哥，全是我的功劳，哥哥的牛羊和仓廪，

①　洗涤（dí）：清除。

应归父母，哥哥的琴应分给我，两个嫂嫂，应和我同居，做我的妻子。"一面说着，一面走到舜的住室，要去取琴。不料舜当他们挑土塞井的时候，早已一溜烟从另外一个井口跑出来，回到自己的室中去了。等得象走入舜的室中，却望见舜坐在床上，正在弹琴，于是又惊骇，又惭愧，急得半晌（shǎng）①说不出话来，吞吞吐吐②地对舜说道："我很思念你，特来看你。"舜也不动声色，好像没有这一回事，从容回答道："我的事情很多，我正望你来帮助我。"

从此尧帝完全知道了舜是一个忠孝的人，就命他做一个掌教化的官，所有百姓都受舜的感化，能尽为人子弟的职务，真是天下太平，没有一点乱子发生。后来舜又做了办理外交的官，远方外国也钦（qīn）仰③舜的德行，都来归服。舜的成绩，既有这般优良，尧帝因为年老，实在不能办事，就命舜代行天子的事务，自己居闲④养老。过了二十八年，尧帝死了，舜就实行做了中国天子，把一个中国治理得有条不

---

① 半晌（shǎng）：半天。
② 吞吞吐吐：形容有话不敢直说。
③ 钦（qīn）仰：钦佩景仰。
④ 居闲：赋闲。指失去官职。

紊（wěn）①、百姓安乐，所以历史上极加赞美，盛称"尧舜之世"。

舜做了天子以后，对瞽叟仍是恭谨地侍奉，对象依然加以友爱，还封象做有庳（bì）国的诸侯。他能这样孝友，不记旧怨，所以后人都称舜是大孝。

---

① 有条不紊（wěn）：有条理，一点儿不乱。

夏少康的中兴

夏朝自禹王传位于他的儿子启以后，中国帝王便成为世袭（xí）制度。启死后，又传位于他的儿子太康。这太康专好田猎①，不顾国事，国势就渐渐衰弱了。

这时候，有一个诸侯单名叫羿（yì）②，生得力气很大，手臂很长，从③了当时一个射箭有名的吉甫，学会了射箭的方法，而且他的射法比他的师傅还要高明。相传羿能射落早上的太阳，这虽是言过其实④，却是形容他的射法高妙。在这枪炮没有发明的时代，有了这种武术，真可称雄⑤一世了。他仗着自己有这武技，便想夺取夏朝的天下，乘着太康出外打猎的时

---

① 田猎：打猎。
② 神话传说中帝尧时期射日的羿与此处夏朝有穷氏首领后羿不是同一个人。
③ 从：跟随。
④ 言过其实：说话过分，不符合实际。
⑤ 称雄：凭借武力统治一方。

候，带了多人，截（jié）住太康的归路，不许太康回国。可怜太康如何是羿的敌手，只得弃了王位，流落于外。夏朝因为太康没有回国，就立了太康的弟中康为天子。中康做天子不久，一病死了，传位于他的儿子相。

　　羿自逐走了夏朝天子太康以后，志气更加骄傲，并且凭着自己的射法，无人敢敌，就决定了吞灭夏朝的意思，带领许多人马，去攻打夏朝。没有几天，就逼进夏朝的宫里，把夏帝相又逐走了，其余夏朝的臣子，杀的杀，逃的逃。还有帝相的后妃是有仍国的女儿，她这时腹中方怀有孕，从狗窦（dòu）[①]里逃出，逃回有仍国去了。

　　羿灭了夏朝之后，自称天子，国号有穷，用寒浞（zhuó）做宰相。这寒浞是一个极凶恶的人，他曾经被他的父亲逐出来的；但是羿非常信任他，把国事尽委他办理，而自己又和太康一样，专好田猎，不顾国事，常在山中，猎取野兽，以为快乐。

　　一天，寒浞乘着羿没有防备的时候，把羿刺杀了，自己立为天子。当时的朝臣，因为寒浞大权在握，都

[①] 狗窦（dòu）：狗洞。

不敢反对，便奉了寒浞为天子。寒浞杀了羿之后，还要表示他的恶毒手段，把羿的尸体，切成片片，煮做羹（gēng）汤①，赐给一些朝臣尝食②，这意思是想借此压服一班反对的人，而且特地送一碗给羿的儿子；这羿的儿子因为是父亲的肉，哪里忍食，但是又恐违了寒浞的命令，只得立刻自杀了。

寒浞又占据了羿的妻子，做自己的妻子，生了两个儿子，一个名叫奡（ào），一个名叫豷（yì）。这奡的气力绝伦，能够推了船在陆地上行走。

夏帝相自被羿赶走之后，逃居在商丘地方，倚靠了一个同姓诸侯斟（zhēn）郭（xún）国做保护。寒浞恐怕帝相将来报仇，就命他的两个儿子奡和豷，领兵去灭了斟郭国，同时把夏帝相也杀掉了。从此寒浞心满意足③，以为再没有人敢反对他了。

夏帝相的后妃逃归有仍国后，不久便生了一个孩子，当这孩子的父亲——夏帝相在斟郭国被奡所杀的时候，这孩子的年龄，还不过是十余岁；在这十

---

① 羹（gēng）汤：用肉、菜做成的汤。
② 尝食：进食。
③ 心满意足：非常满足。

余年间，因为他们父子都在避难时期，不敢出面，所以两地相隔，父子从来没有见过面的。一个人没有见过父亲，这是怎样痛心的事，何况这孩子生性聪敏，志气卓绝，的确是一个有为的孩子呢！这孩子的名字便叫作少康。

少康在娘胎里时，一直到他成长，真算是饱经患难，但是他的志向便因此确定了，他决不做一个懦弱无能的人，他要恢复从前的夏朝，他要泄杀父的仇恨，以他这时一个靠着外祖家养活的人，要做这样的大事，这是何等的艰难哩！

一个夏朝的老臣名叫靡，也是被羿逐走出来的，满怀着孤忠 ①，要想恢复夏朝，但是没有机会。他听得少康年少志大，确实有为，便自己走到有仍国。一见少康，果然一表非凡 ②、才高智广，便尽力帮助少康共谋恢复的方法。

斟鄩国被寒浞灭了之后，一部分志士几次想图反抗，但是压服在寒浞威力之下，终于没有反抗的能力。夏臣靡知道这个消息，便由有仍国来到斟鄩国，联络

---

① 孤忠：忠贞自持，不求人体察的节操。
② 一表非凡：形容人的容貌英俊出众。表，相貌。

给孩子的中国历史故事 ①

了该国的志士，共同以打倒寒浞、拥护少康复国为事，就把斟郭国一个地方做根据地，召集兵马，揭起夏朝的旗帜。这夏朝自禹王治水，对于百姓有很大的功劳，至今还是令人思念，一见夏朝的旗帜，就响应的很多，没过多久，集合了数千人马，还有许多的旧臣也来归附，声势渐渐浩大，少康便来居中指挥，借着人心的归附，便兴兵攻打寒浞。这寒浞的兵不战自散，寒浞势孤力单，顿时被乱兵杀了。寒浞的两个儿子和他的一班党羽，也统统^①都被杀死。

寒浞亡了，诸侯就奉少康复国为天子。少康励精图治^②，把国事治理得很好，使得人民安乐。人民从前感受寒浞的残暴，如今过着安乐的日子，个个歌功颂德^③，于是夏朝的国势便复兴了。

夏朝自经羿、浞两人的篡（cuàn）夺^④，失国有四十年之久，至少康方才恢复过来，这便是历史上所称的"夏少康中兴"。

---

① 统统：通通。
② 励精图治：振作精神，想办法把国家治理好。
③ 歌功颂德：歌颂功绩和恩德。
④ 篡（cuàn）夺：用不正当的手段夺取。

"少康中兴"的"中"不是中间的意思，而是与"仲"含义相同，即"第二次"。"少康中兴"即少康使已灭亡的夏第二次兴盛起来。"中兴"既可指灭亡的国家重新建立，也可指陷入困境后再度兴旺起来。历史上王朝实现中兴是不容易的，往往在政权危机深重的时候，"中兴"的呼声便会高涨。三国曹魏末年司马氏当政，曹氏的皇位随时有可能被司马氏夺走，曹魏皇帝曹髦（máo）和大臣们探讨：少康与开建汉朝的汉高祖刘邦谁的功业更大？曹髦认为少康更优，其实是羡慕少康，希望自己能像他一样重新树立魏国皇室的威信。关于夏朝的故事，本书作者没有选择更为有名的大禹治水，而选择了少康中兴。这本书作于抗战时期，当时中华民族正处于生死存亡的边缘，作者很有可能是希望借这个故事鼓励中国人像少康一样，赶走外敌，振兴华夏。

历史原典研读

二月丙辰，帝宴群臣于太极东堂，与侍中荀顗、尚书崔赞、袁亮、钟毓、给事中中书令虞松等并讲述礼典，遂言帝王优劣之差。帝慕夏少康，因问顗等曰："有夏既衰，后相殂灭，少康收集夏众，复禹之绩，高祖拔起陇亩，驱帅豪俊，芟夷秦、项，包举宇内，斯二主可谓殊才异略，命世大贤者也。考其功德，谁宜为先？"顗等对曰："夫天下重器，王者天授，圣德应期，然后能受命创业。至于阶缘前绪，兴复旧绩，造之与因，难易不同。少康功德虽美，犹为中兴之君，与世祖同流可也。至如高祖，臣等以为优。"帝曰："自古帝王，功德言行，互有高下，未必创业者皆优，绍继者咸劣也。汤、武、高祖虽俱受命，贤圣之分，所觉县殊①。少康、殷宗中兴之美，夏启、周成守文之盛，论德较实，方诸汉祖，吾见其优，未闻其劣；顾所遇之时殊，故所名之功异耳。少康生于灭亡之后，降为诸侯之隶，崎岖逃难，仅以身免，能布其德而兆其谋，卒灭过、戈②，克复禹绩③，祀夏配天，不失旧物④，非至德弘仁，岂济斯勋？汉祖因土崩之势，仗一时之权，专任智力以成功业，行事动静，多违圣检；为人子则数危其亲，为人君则囚系贤相，为人父则不

---

① 县殊：悬殊。县，读 xuán，通"悬"。
② 过、戈：少康及其同盟攻灭寒浞二子的地方。
③ 禹绩：大禹的功绩。
④ 旧物：旧日的典章文物。

能卫子；身没之后，社稷几倾，若与少康易时而处，或未能复大禹之绩也。推此言之，宜高夏康而下汉祖矣。诸卿具论详之。"

故事三

商纣的残暴

商朝自汤王放桀（jié），立为天子以后，大约过了六百年的光景，传到纣（zhòu）王。

纣王名受，他生性聪敏，善于临机应变，更兼高谈雄辩，议论滔滔①，口才好得非凡。即使他有时做错了一件事，他能设法掩饰过去，如果有人说明他的错处，他便滔滔不绝地辩论，说出他的正当理由，比人家劝谏（jiàn）②他的还要充足，所以一般人都不敢去劝谏他。他自己也以为才高众人，便藐（miǎo）视③一切了。他还有惊人的本领，他的气力绝伦，说出来，恐怕现在所称的大力士，没有能够比得上的。山中的猛兽，他用徒手可以捉得回来。有一次，他表演他的大力，拖了九只牛的尾巴，一齐往后退走，使

---

① 滔滔：形容像流水一样连续不断。
② 劝谏（jiàn）：臣子对君主进言规劝。
③ 藐（miǎo）视：轻视。

得看的人都骇（hài）叹①不置②。

纣王的妻妾很多，内中有一个妲己，是他最心爱的一个。这妲己生得如花似玉，真是天仙一般，并且言语婉转、娇媚动人，把一个纣王诱惑得昏迷不醒，心中目中只有妲己了。他为了要图得妲己的欢心，搜尽天下的珍奇宝贝来供奉妲己。他为了要和妲己共同快乐，便筑造了一个楼台，名叫鹿台，雕梁画栋③，真是华丽得非常，把天下所有的奇物宝玩、珍禽异兽，搜集起来，陈列在鹿台之内。又收聚了一些青年男女，教会他们唱歌跳舞，以供他和妲己做娱乐之用。

这时纣王的臣下有三个公爵：一个是西伯昌，一个是九侯，一个是鄂（è）侯，称为三公。九侯的女儿，给纣王做了妃子，她的为人性格幽静、行为大方，对于平常女儿的妖媚状态和恣情的快乐，她是最厌恶的。可是纣王偏要逼她去和妲己一同作乐，她便坚决地反对，引得纣王怒气大发，便把她杀死了，而且迁怒于九侯，一并把九侯也杀了。当纣王要杀九侯的时

① 骇（hài）叹：惊叹。
② 不置：不止。
③ 雕梁画栋：形容建筑物的华美。雕，用彩画装饰。

侯，鄂侯极力讨保，说这不是九侯的罪过，坚请纣王释放。纣王更加大怒，并把鄂侯也一起杀了。只有西伯昌知道纣王是不可进谏，便不说话，但是回家之后，也为这事长吁（xū）短叹①。纣王的心腹崇（chóng）侯虎，闻得西伯昌在家长吁短叹，便告诉了纣王。纣王立刻把西伯昌幽囚②在羑（yǒu）里地方。当时西伯昌很得人心的归附，一些人都称西伯昌为圣人。纣王说："做圣人的人，总不会吃他自己的儿子的肉，我便要试试他是不是圣人。"于是将西伯昌的大儿子伯邑（yì）考杀了，烹（pēng）做羹汤，送给西伯昌吃。西伯昌果然吃了，纣王说道："西伯昌怎么做得圣人，连他自己的儿子的肉，还不知道呢。"由是纣王对于西伯昌防范的心思，便松懈了。西伯昌的臣子闳（hóng）夭等在外征集了一些美女、奇物、骏马……贡献纣王请求释放。纣王喜欢，才将西伯昌释放了。

　　纣王和妲己共同研究快乐的方法，在酒食游戏上，已算是普遍了，竟异想天开，做出把人命为儿戏的快乐来。他们置就一个铜柱，里面把炭火燃烧了，

---

① 长吁（xū）短叹：长一声、短一声不住地叹气。吁，叹气。
② 幽囚：囚禁。

令犯罪的人，爬上铜柱，禁不住铜柱上烧得滚热烫人，立即跌下，跌下了又逼迫上去，如此一上一下，不到几次，那人便烧死了。纣王和妲己看了，倒觉得以为快乐，这便叫作"炮烙（páoluò）刑"。

一个严寒的冬季里，下着大雪，结了坚冰的时候，在有钱的人们，自然在家里拥炉取暖，决不会出外受风霜的。只有那劳工苦力们，不管是风里、雪里、水里，他们还是要工作的。这种理由，只要是稍知人事的，大约可以了解，不料纣王和妲己不能了解这个理由，做出无聊的事来。

他俩在这样一天早上，见一个人赤着脚在河里行走，他俩窃窃地私议道："这样的冷天，他还赤脚在河里走，怎么不冷呢？莫非他的脚骨和常人不同吗？"即刻拿了这人将脚骨斫（zhuó）断，看了并没有和常人不同的地方。

还有怀了孕的妇人，他俩看了，也觉得以为奇异，用解剖法来考察这种奇异。一次，捉得一个怀孕的妇人，将腹部剖开，可怜只送了一大一小的性命，可是于生理上，并没考察得什么出来。

纣王还有三个忠实的臣子：一个是微子，一个是

雪渔图 五代十国 佚名 台北『故宫博物院』藏

箕（jī）子，一个是比干。

微子见了纣王施行种种暴政，他着实用苦口进谏了好几次，但是纣王当作耳旁风，幸而没有触发纣王的怒气，不然，也险些儿要遭杀身之祸了。微子知道纣王恶贯将满，马上要自取灭亡，实在没有办法，只得弃了官爵，逃向远方去了。

箕子是一个正人，因为不肯附和纣王的作恶，自己觉得很是危险，就假装出疯狂的病，不问国事了。后来纣王知道了箕子的疯狂是假病，便将箕子幽囚在牢狱里。

比干见了微子逃去、箕子幽囚，愤然地说道："做臣子的人见着君主的过失，不去强谏，那还是忠臣吗？怕死不谏，那还称得勇士吗？君主有过，就要去谏，谏了不听，就继之以死，这才是做臣子的道理。"于是走进朝里，痛说纣王的过失，一连三日，没有退朝。纣王问道："你这样说我的过错，你自信你所守的是什么？"比干回答道："我所守的是要修善道，行仁政，凡事要合乎道理的才做去。"纣王说："你这样的行仁义，岂不是成了圣人吗？我常听人说'圣人的心，有七个孔窍'。我倒要看看你的心是不是有七个孔窍？"就命人杀了比干，剜（wān）^①出比干的心来。

　　西伯昌的儿子，就是周武王。那时西伯昌已死了，武王接着做西伯，见了纣王这样的暴虐，百姓痛苦不堪，于是要替民除暴，就率兵来讨伐纣王；一时各方诸侯响应的有八百之多。纣王自己率兵御敌，打得大败，要想逃走也没有地方逃走了，只得走上鹿台，自己用火烧死了。

---

① 剜（wān）：挖。

采薇图（局部） 南宋 李唐 北京故宫博物院藏

文史充电站

　　纣王是有名的暴君，但他并不愚笨软弱，反而智力超群、能言善辩、力大无穷。这些优点本应该能让他轻松地治理好国家，结果他把自己的优势用错了地方——他的聪明才智非但没能让他理性地看待自己，反而被用来掩饰错误。雄辩之术只是被他用来为自己的过错做辩解，他的好奇心与创造力仅仅被用在发明炮烙之刑、剖腹验胎、敲骨验髓等事情上，他残暴不仁，不管人民的死活。他的才能本可以为万民造福，结果却使得生灵涂炭。历史上像这样的人还有不少，比如隋炀帝，他们的事迹值得我们深思。

故事四

周幽王的失国

周朝自武王伐纣以后，被各方诸侯尊为天子，建都在长安①，称为西周。在这西周时，有周公、召公共同治理国家政事，把礼仪官制，详细地定出制度，中国的文化，到了西周才得称为极美备②的时代。后来西方的犬戎（róng）作乱，周朝迁都避乱，国事也从此不振了。

幽王便是西周末了的君主，因为他沉迷女色，召出犬戎之祸来，身死国蹙（cù）③，到他的儿子平王，迁都到洛阳，以避犬戎之祸，此后便称东周。

幽王本娶了申国之女为后，叫作申后，生了一子，名叫宜臼（jiù）。照周朝的制度，王后的长子，应立

---

① 现在的西安定名为"长安"是汉高祖刘邦在位之时的事，西周定都的地方虽然在现在的西安，但当时不叫"长安"，而是"镐（hào）京"。
② 美备：完美齐备。
③ 国蹙（cù）：国土丧失。

为太子，日后国王死了，就由太子继位做国王的，所以这宜臼，自然被立为太子。

一年，幽王亲自领兵去讨伐褒（bāo）国。褒国见着天子亲来讨伐，很是恐怕①。这时幽王用了虢（guó）石父做上卿的官，这虢石父为人，善于巧言，最会迎合的，所以幽王很加信用。褒国便送了虢石父许多金宝，请虢石父代向幽王求情，愿贡献美女珍宝，以赎（shú）罪过。幽王许了，便退兵回朝。

这褒国所送美女之中，有一个名叫褒姒（sì），是一个绝色的美女。说起这女子的来由，有些近乎神话，但是古代的历史，神话一类的事也多，何妨说说，也觉有趣呢。

原来这褒姒的来历，还远在千余年前的夏朝呢。相传在夏朝时，夏帝的朝廷上，来了两条龙，夏帝就卜卦质问：是杀掉的好呢？还是逐走的好呢？还是留住的好呢？这卦的爻（yáo）辞上，都不赞成。最后夏帝又问：将二龙所吐的涎（xián）沫②，用木柜藏好保留着，如何？卦辞上方说大吉。于是夏帝把柜将

---

① 恐怕：畏惧。
② 涎（xián）沫：口水。

九龙图（局部）南宋 陈容 美国波士顿美术馆藏

龙涎藏着，那龙也就自去了。这柜自夏朝亡了，传之于商，商朝亡了，又传之于周，历千余年，从来没有人开发①过，直到周朝的厉王（幽王的祖父），他的好奇心重，定要打开它来看个究竟。待厉王开发时，这柜里的龙涎，流遍在朝廷之上，好似活的动物一般。厉王大惊，以为妖怪，使了一些妇人，尽行裸体，嘴里噪（zào）②喊，想去赶走它，那龙涎果然有些害怕的模样，立刻变成了一个黑色大甲鱼，往后宫里逃走。这时后宫恰有一个七八岁的侍女遇着，那甲鱼忽然不见了，从此这侍女的腹中，便觉藏有一物，渐渐膨大，等到这侍女十八岁的时候，便产一女。宫中的人都以为这侍女没有夫婿，生下这私生女，并且知道来历，的确是一个怪物，所以认为不祥，就将这生下的女孩，丢在野外。

在这侍女生下女孩的时候，厉王已死，宣王即位，这时的国都长安市上，有一班小孩，也不知是个什么人，教了这些小孩唱一个童谣，那词道："檿（yǎn）弧箕服，实亡周国。"这个歌的意思，是说桑木做

---

① 开发：开启。
② 噪（zào）：大声叫嚷。

的弓，箕木做的箭，可以灭亡周朝的天下。宣王听了这个歌谣，便下令禁止人民售卖桑弓箕箭。

一个专以桑弓箕箭为业的人，他住在乡下，不知道城里闹了这个把戏，他和他的妻子背着桑弓箕箭，照常到城里去叫卖。忽然遇着这个巡查的兵士，要上前去捉拿他们，他俩吓得莫名其妙，登时把弓箭丢了，就不辨方向地没命逃跑，跑到一个僻静的荒野。正想休息休息，忽然听得婴孩的啼哭声，他俩照着声音所在去寻，见是一个女孩，知道是被人丢掉的，便大发慈悲，抱起这女孩，留待养着，带了一起逃走，一直逃到褒国去了。这女孩想阅者都还记得就是周朝宫中侍女所生的怪物，被宫人丢在野外的。

这女孩自经卖弓箭的夫妇养着，养到十七八岁时，长得异常美丽，真正是绝世佳人。恰逢褒国要选了美女去贡献周幽王，就选中了她，到了周幽王的宫里，称为褒姒。幽王见了褒姒，大加宠爱，加之褒姒又善于媚惑，弄得幽王真是不知要怎样供奉褒姒才好。后来褒姒生了一子，名叫伯服。

幽王得了褒姒以后，一心一意只在褒姒身上，把从前的妻子申后，竟视同眼中钉。又要图得褒姒的欢

心，就不惜变更周朝的制度，把申后的皇后废掉，立褒姒为皇后，还将宜臼的太子也废掉，立伯服为太子。

褒姒虽然生得美丽，但是不大好笑，若得褒姒一笑，那种娇媚状态，真要令人魂飞九霄之外，所以幽王虽百般地引逗褒姒发笑，但是总难得褒姒一笑。

周朝时候，天子国都的附近，都设有烽火，这是预备一旦有警，召集各方诸侯来救护天子的。

幽王因为要引逗褒姒发笑，就想到这烽火上来。一天，他和褒姒两人，正在没事闲着，令守烽火的人，举起烽火来。那些各方诸侯，见了烽火的烟焰，以为是国都有警，马上率领兵马，没命地奔跑，赶来救护天子。那褒姒一见了这些诸侯和兵马，现出仓皇①的态度，无缘无故②地没命跑来，不禁嫣然③笑了。这些诸侯来到国都，不见动静，也莫名其妙④，后来才知道是引了褒姒发笑的。

申后的父亲申侯，怨恨幽王废了他女儿的皇后，早已怀着报复的心思。又见了幽王沉迷女色，不顾

---

① 仓皇：匆忙而慌张。
② 无缘无故：没有任何原因和理由。
③ 嫣然：美好的样子。
④ 莫名其妙：表示事情很奇怪，使人不明白。

国事，就决定乘机发动，于是勾结犬戎，一同举兵[1]，来犯国都。幽王正在爱恋褒姒，对于军事上，哪里有什么防备，等到申侯和犬戎的兵来了，只得举起烽火，召集各方诸侯来救护。哪知各方诸侯以为又是引逗褒姒发笑的，便没有一个应召而来的。那犬戎的兵，异常凶残，闯入京城，把幽王杀了，掳了褒姒，还大肆劫掠周朝的银物，方才退去。

幽王死后，周朝仍立了旧太子宜臼为王，称为平王。此后犬戎时来侵犯，平王迁都到洛阳，以避犬戎之祸，而周朝的国势，从此便一蹶（jué）不振[2]了。

---

[1] 举兵：出兵。
[2] 一蹶（jué）不振：比喻一遭到挫折，就不能再振作起来。蹶，跌倒，引申为挫折。

历史上人们常将褒姒视作红颜祸水的典型，往往将国家灭亡的责任归咎于褒姒等女子身上。本书讲述西周灭亡的故事，大部分篇幅讲的是褒姒的身世以及幽王宠信她导致亡国。客观地说，褒姒与西周灭亡确实有关系，但并不意味着要把全部责任推到她的头上。史书并未记载褒姒曾有意做过任何坏事，烽火戏诸侯的结果也全是荒唐短视的周幽王一手造成的。需要注意的是，与仅仅对幽王为褒姒烽火戏诸侯事件的陈述不同，史书中描述褒姒的离奇身世，则是想要说明她天生就注定要祸国殃民，这对于褒姒是不公平的。

齐桓公的霸业

<big>周</big>朝自武王建国以后，大行封建制度[1]，分割土地，封了一些同姓和有功的臣子做诸侯，子孙世袭，原是想他们同心协力，来保护王室的。在西周时，天子的势力强大，诸侯不敢不唯唯[2]听命；一到平王东迁以后，天子的势力衰弱，诸侯渐渐强大，天子的命令不行[3]，反而要受诸侯的欺侮[4]。诸侯之中，大的就欺侮小的，强的就苛（kē）待弱的，自相残杀，自相吞并，成了一个只有强权

---

① 封建：即分封建国，现在一般称作"分封制"，与人们经常提到的"封建社会"中的"封建"不完全是一回事。

② 唯唯：恭敬的应答声，引申为恭顺谨慎的意思。

③ 不行：不施行。

④ 西周建都镐京，将东方大片土地分封给诸侯，而关中平原（主要在今陕西省）和东边的洛阳及周边地区由周王室直接控制，称作"王畿"。王畿地域辽阔，人口众多，周王室也因此实力强盛，得以控制诸侯。平王东迁以后，周王室放弃了关中平原，王畿之地只剩下洛阳周边地区，周天子直接控制的地域和人口大幅减少，其实力也远不如前，所以不仅不能控制诸侯，反而需要依附那些强大的诸侯国。

不顾公理的时代。孔子生在这东周时候，见了当时的纷扰，强权的横暴，就把当时的事迹和诸侯的善恶，都记载出来，著成一本书，叫作《春秋》。所以这个时期，后人又叫作"春秋时期"。

在这纷乱时代，只要一个有强权而能稍讲公理的，便可以为一般人所推崇、所拥戴，称为霸者。所以当春秋时，局面虽然纷乱，幸而出了几个霸者，负起维持大局的责任，一般弱小者得到稍许保障，强大者不敢肆意欺人了。齐桓（huán）公便是这春秋时期霸者之中最有名的。

齐国本是一个大国。姜太公佐武王定天下，武王封太公于齐，传至齐襄（xiāng）公，国家的政事很坏。襄公又沉迷于女色，任意杀人，齐国的臣民，没有一个不痛恨襄公的。襄公有两个弟弟，一个是公子①纠，一个是公子小白。见着国事如此，将来必有大祸。公子纠便和他的臣子管仲、召（shào）忽逃到鲁国，因为他的母亲是鲁国的女子，所以暂住外祖家避祸。公子小白也和他的臣子鲍叔牙同逃奔莒（jǔ）国去了。

---

① 春秋战国时期，诸侯之庶子，以别于世子，亦泛指诸侯之子。

自他们走了之后，齐国果然发生祸乱，齐公孙无知乘着襄公没有防备，攻进宫中，把襄公杀了，自己立为齐君。但是没有好久，公孙无知又被他的仇人所刺杀了，于是齐国没有君主，一些朝臣正谋在几个公子中选立。

鲁国听得这个消息，便要送公子纠回国，立为齐君。在公子中能和公子纠竞争的，只有公子小白。于是鲁国一面发兵送公子纠回国，一面派了管仲率领兵马去遮断①莒国至齐国的道路，抵御小白。小白被管仲射了一箭，中在带钩的上面，幸而没有损伤，小白便假装被管仲射死，栽入车中，乘着管仲没有防备，秘密地径②回齐国去了。管仲以为小白已死，便使人驰报鲁国。鲁国护送公子纠的兵，也信着小白已死，便缓缓而行，经过六日，才得到达齐国的境界。

小白入了齐国，便为齐国的大夫所拥戴，被立为国君，是为桓公。立刻发兵去抵御鲁兵，齐兵和鲁兵在齐国乾（qián）时（在今山东博兴县南）地方相遇，鲁兵被齐兵打得大败。

---

① 遮断：阻断，截断。
② 径：径直，直接。

给孩子的中国历史故事
1

桓公因被管仲所射，心里衔（xián）恨[1]刺骨，这次打败了鲁兵，定要杀了管仲，以泄积愤。鲍叔牙对桓公说道："君只要治理齐国，就有叔牙和高傒（xī）够了；若欲图霸王之业，那就非管仲不可。管仲所在的一国，那国必然为世所重，这种大才真不可失掉了。"桓公信了鲍叔牙的话，就写信给鲁国道："公子纠是我兄弟，我不忍杀，请鲁国代我杀了；管仲、召忽是我的仇人，请鲁国送还给我，待我杀了，得以甘心。"鲁国是战败的国家，接到了这信，不得不遵命照办。就把公子纠杀了，召忽也自杀了。管仲和鲍叔是平日极相知的朋友，知道鲍叔必然会荐用他，就自己请囚。于是鲁国用囚车送了管仲到齐国来。桓公派了鲍叔牙去迎接，一到齐国的境界，鲍叔亲自解了管仲的束缚，引回齐国，同去见了桓公。桓公大喜，命管仲为宰相。

管仲治理齐国的政事，注重富国强兵，实行全国皆兵的制度，令每家出兵，五家为轨，十轨为里，四里为连，十连为乡，定为军令，使大家遵守。又定出

---

① 衔（xián）恨：怀有怨恨。

给孩子的中国历史故事 1

钱币制度，听人民鼓铸①，还借着齐国滨海的地势，奖励人民捕鱼之业，及煮海为盐，当时中国鱼盐之利，尽被齐国人民握着了。不到几年，果然齐国国富兵强，一跃而为当时的头等国了。

齐国的国势既然强盛，就兴兵灭了郯（tán）国。又出兵打败了鲁国，鲁庄公请割地求和。齐桓公允许在柯（今东阿）和鲁庄公相会订盟。

鲁国的将军曹沫，从前和齐国打了三次败仗，每次败仗之后，都是割地求和。他心里异常愤激，务必要报仇雪耻②，夺回鲁国的失地，虽然力量不及齐国，他却不以此自馁（něi）③，凭着自己的热血，洒在齐国的境地，作恢复失地的企图。如今机会到了，恰遇着鲁庄公去和齐桓公相会，他便随着鲁庄公一同去到会。

柯地本是齐国的境地，鲁庄公到达此地，齐桓公也来了。盟会的仪式，是用土筑一个三尺高的坛，两国的君主，都在坛上订盟。曹沫眼见得此次的盟会，

---

① 听：任凭，听凭。鼓铸：鼓风扇火，铸造钱币。
② 报仇雪耻：报冤仇，除耻辱。
③ 自馁（něi）：失去自信而畏缩。

捕鱼图（局部）明倪端 台北『故宫博物院』藏

鲁国又是要割弃土地，就不禁愤火中烧，怒发冲冠①了。等到两君订盟的时候，曹沫离开自己的席位，趋②至坛前，一手牵住齐桓公的衣袖，一手抽出雪白锋利的匕首，准对着齐桓公说道："请你给还我们鲁国的失地。"齐桓公登时吓得发抖，忙回说道："我承认尽还给你们鲁国的失地。"于是曹沫弃了匕首，恭恭敬敬地仍然退到自己的席位。

齐桓公受到了曹沫的威劫③，一时承认了给还鲁国的失地，但是后来心里悔恨，定要杀了曹沫以报威劫的耻辱。管仲谏说道："君杀了曹沫，不独失信于鲁国，而且失信于诸侯，那就所失的比较土地还要多呢。"齐桓公信了管仲的话，就将曹沫三败所割的土地，尽还给鲁国。于是各方诸侯听了这件事，都感桓公的威德，尽来归附了。

这时楚国是很强盛的，仗势欺人，吞并了许多小国，她虽处在南蛮之地，她的势力却伸入中国④了。

故事五·齐桓公的霸业

---

① 怒发冲冠：因愤怒而头发直竖，把帽子都顶了起来，形容气愤到了极点。
② 趋：快走。
③ 威劫：威逼，胁迫。
④ 中国：指中原地区。

齐桓公便兴兵伐楚，责备楚国不来周朝朝贡；楚国也惧怕齐国的兵威，不敢和齐国对敌，便和齐国订盟讲和。因此中国的诸侯，没有一个不慑（shè）服①齐国的威力，都向齐国归附。齐桓公便召集各国诸侯在葵（kuí）丘开会，自己为盟主，订立许多条约，大意是尊奉周朝，攘（rǎng）除②夷狄（dí），诸侯不得自相攻杀，还有许多关于国家内政的，各国诸侯都遵命签字。这是当时霸者无上的威权，对于周朝的天子，不过是名誉上的推崇罢了。像这葵丘的会，齐桓公召集过九次，各国诸侯，没有一个不唯唯听命，所以齐桓公的霸业，是当时极盛的了。

齐桓公用了管仲，才能得着这样的霸业，这是他能够任用贤才的好处。但是他有两个最宠爱的臣子，一叫竖刁，一叫易牙，这是两个作伪的小人，桓公却异常亲信。原来易牙是在宫中做烹调的人，桓公偶然有病，不思饮食，易牙杀了自己的儿子，烹做羹汤，进献桓公，桓公吃了，觉得异常鲜美，后来桓公病愈，知道这个缘故，所以对于易牙便加以极端的宠爱。

---

① 慑（shè）服：因恐惧而顺从。
② 攘（rǎng）除：排除。

竖刁是自受阉（yān）刑，请求入宫为内监来服侍桓公的，所以也得桓公的宠爱。

管仲病了，桓公亲自去看病，并且问他道："君将怎么教我呢！"管仲回说："请君不要亲近竖刁、易牙。"桓公说："易牙烹了儿子的肉给我食，那还不相信吗？"管仲说："人情没有不爱儿子的，他自己的儿子尚且不爱，还能爱君吗？"桓公又说："竖刁自己受了阉刑来侍奉我，那还可疑吗？"管仲说："人情没有不爱自己的身体的，他自己的身体尚且不爱，怎能爱君呢？"后来管仲死了，桓公终没有听从管仲的话。

管仲死后一年，桓公病了，很是危险，竖刁、易牙奉了卫共姬（jī）的儿子公子无诡作乱，把宫门闭塞，不许一人入宫。有一妇人逾（yú）墙①入了宫中，走到桓公的病室。桓公说道："我要食物。"妇人说："没有。"桓公又说："我要饮水。"妇人说："没有。"桓公说："为什么饮食都没有呢？"妇人回说道："易牙、竖刁兴兵作乱，闭塞宫门，不许入宫，所以没有。"

① 逾（yú）墙：跳过宫墙。

桓公听了，慨叹两声，眼泪直迸（bèng）^①地说道：
"管仲真是圣人，我悔不听圣人的话，若死后有知，
我有何面目见管仲呢？"就把衣袖蒙着头面而死了。

　　桓公死后，诸公子争立，闹了很久的祸乱，国势
因此不振，齐国的霸业也从此失掉了。

---

① 迸（bèng）：向外溅出。

《春秋公羊传》描述春秋时的情景："南夷与北狄交，中国不绝若线。"南夷是指楚国，北狄是指黄河以北的少数民族。当时楚国不仅兼并了周天子分封在汉水流域的诸侯国，还经常北上侵扰淮河流域的陈、蔡，黄河流域的许、郑等国。狄人屡次进攻北方各诸侯国，位于今河南、河北交界附近的邢国和卫国就被狄人攻破了。在周王室衰微，无力保护中原诸国的情况下，南蛮、北狄频繁袭扰各国。

当时齐桓公率领中原各国，向南威慑了楚国，使它不敢再侵扰中原；向北击退了狄人，重建了邢国和卫国。齐桓公还帮助燕国攻打位于今河北东北部和辽宁一带的山戎，使得燕国免去了北方的威胁。齐桓公之所以能建立霸业，不仅是因为齐国自身强大，也是因为齐桓公有能力击败外敌，维系中华文明的发展。

历史原典研读

《左传·僖公四年》

四年春，齐侯以诸侯之师侵蔡。蔡溃。遂伐楚。楚子使与师言曰："君处北海，寡人处南海，唯是风马牛不相及^①也。不虞^②君之涉吾地也，何故？"管仲对曰："昔召康公命我先君大公曰：'五侯九伯，女实征之，以夹辅周室。'赐我先

---

① 风马牛不相及：齐国与楚国相距很远，没有什么联系，如同马、牛即便走失，也不会跑到对方的境内。现在多用来比喻事物之间毫无关联。
② 不虞：指出乎意料，没想到。

君履①，东至于海，西至于河，南至于穆陵，北至于无棣。尔贡包茅不入，王祭不共，无以缩酒，寡人是征。昭王南征而不复，寡人是问。"对曰："贡之不入，寡君之罪也，敢不共给？昭王之不复，君其问诸水滨。"师进，次于陉。

夏，楚子使屈完如师。师退，次于召陵。

齐侯陈诸侯之师，与屈完乘而观之。齐侯曰："岂不谷是为？先君之好是继。与不谷同好，如何？"对曰："君惠徼福②于敝邑之社稷，辱收寡君，寡君之愿也。"齐侯曰："以此众战，谁能御之？以此攻城，何城不克？"对曰："君若以德绥诸侯，谁敢不服？君若以力，楚国方城以为城，汉水以为池，虽众，无所用之。"

---

① 履：所及之地，指边界，范围。
② 徼福：祈福。

晋重耳的出亡和返国

继着齐桓公而立霸业的，便是晋文公。这晋文公的霸业，全是从险阻艰难中得来的，他在少年的遭遇，真是困苦万分。然而因为他受了这种困苦，才能和恶势力奋斗[1]，造出这轰轰烈烈的霸业来。如今且听叙述这段历史。

晋国本是周朝的同姓诸侯，也是列国中的大国，当齐桓公称霸时，晋国的君主是献公。献公的儿子很多，以太子申生和公子重（chóng）耳、公子夷吾的才学较好，能得献公的欢心。后来献公伐骊（lí）戎，得了骊戎的女子，名叫骊姬，异常宠爱。骊姬因为忌刻[2]三子的才能，常对着献公说三子的坏话，因此献公对于申生、重耳、夷吾渐渐地疏远了。

过了几年，骊姬生了一子，名叫奚（xī）齐，骊

---

① 奋斗：英勇斗争。
② 忌刻：心存妒忌而欲凌驾于人。

给孩子的中国历史故事 1

姬阴谋立奚齐为太子，对于申生、重耳、夷吾更加忌刻，便勾结党羽，极力谗（chán）害。献公受了骊姬和左右①的蛊（gǔ）惑，就有意要废掉申生，立奚齐为太子了。于是献公说道："曲沃（今山西闻喜县）是我宗庙所在的地方，蒲（pú）城偏近秦国，屈城偏近翟（dí）国。这三处都是重要地方，若没有亲信的人镇守，我很不放心。"便命了太子申生居曲沃，重耳居蒲，夷吾居屈。从此三子都被撵（niǎn）②居外方，都中③只有奚齐母子，除却多少耳目的妨碍了。

骊姬既把申生等撵出外方，心里还以为不足，非把他们置之死地，不足以成就她的阴谋，于是定下了毒计，要来害死他们的性命。

申生是献公夫人齐姜所生，齐姜早已死了。一天，申生入朝，骊姬对申生说道："你父亲梦见齐姜来求血食，你可速归设祭，以尽你的孝意。"申生听了，忙回曲沃，在宗庙中祭祀他的母亲齐姜，祭毕之后，又送了胙（zuò）肉④奉献献公，献公恰到外面田猎去

故事六·晋重耳的出亡和返国

---

① 左右：身边跟随的人。
② 撵（niǎn）：驱逐。
③ 都中：国都。
④ 胙（zuò）肉：祭祀用过的肉。

了，将肉放在宫中。骊姬使人置毒药于胙肉中，等得献公田猎回来，庖（páo）人①把胙肉烹好，献公正待要尝食，骊姬从旁止住道："这是自外面来的肉，须得先行试验。"忙取了一块放在地上，地上即起了一个堆；又取了一块给犬食，犬立刻死了；又取一块给一个小臣食，小臣也即刻死了。骊姬哭泣说道："这是太子厌恶我母子，定下这条毒计。"申生听了这个消息，忙回曲沃，重耳、夷吾这时也在朝，恐怕祸及，也不辞而去，各回蒲、屈去了。

申生回到曲沃后，有人对申生说道："这个毒药，明明是骊姬放的；如果是你放的，岂有放了毒药的胙肉，置在宫中数日，还不腐坏吗？你怎不把这理由申辩呢？"申生答道："我君没有骊姬，寝不安席，食不甘味，若是我申辩出这理由，骊姬必然得罪②，我君年纪已老，我心又不安了。"那人又说道："那你须逃到外国去。"申生说："我蒙了这恶名，有谁能容我这弑（shì）③父弑君的臣子呢？我只有自

① 庖（páo）人：官名，掌王宫中膳食之事。后用以指厨师。
② 得罪：获罪。
③ 弑（shì）：臣杀君，子杀父。

晋文公复国图（局部）南宋李唐 美国大都会艺术博物馆藏

杀的一路可走呢。"申生果然在曲沃自缢（yì）^①死了。

申生既死，骊姬又对献公说道："重耳、夷吾都和申生同谋。"于是献公命了寺人披带兵去伐蒲城，同时又发兵去攻屈城。蒲城人听得寺人披领兵来伐，便要准备御敌，重耳说道："这是我君父的命令，不可对敌；如有对敌的，便是我的仇人了。"所以寺人披的兵，一径冲入了蒲城，重耳逾墙逃走，寺人披追上，一剑斩断了重耳的衣袖，幸而没有伤着身体，重耳才得逃到翟国去了。夷吾知道晋兵来攻，便和屈城人一同坚守，晋兵攻打不下。过了一年，献公命了大夫贾华率领大兵，前来攻打，夷吾抵敌不住，就逃奔到了梁国。

过了几年，晋献公死了，骊姬的党羽正待要立奚齐为君，晋大夫里克谋召重耳、夷吾回国，就把奚齐杀了。骊姬的党羽又立了奚齐的弟卓子为君，里克又把卓子杀了。于是晋国混乱，使人去迎重耳，重耳不肯回国，又使人往梁国迎接夷吾，夷吾得着秦缪（mù）公^②的帮助，派兵送回。夷吾入国，做了

---

① 自缢（yì）：上吊自杀。
② 秦缪公，后世一般写作"秦穆公"。

晋君，是为惠公。

惠公当国以后，国政很坏，又乘着秦国的饥荒，背弃前恩，出兵攻打秦国，反被秦国打得大败。后来惠公死了，惠公的儿子怀公即位，国政更坏，于是晋国的大夫又谋召重耳回国。

重耳最好贤士，当他出走翟国的时候，有贤士赵衰（cuī）、狐偃（yǎn）咎（jiù）犯、贾佗（tuó）、先轸（zhěn）跟着随行。惠公因为见重耳在翟，心里恐惧，命了寺人披至翟国谋杀重耳。重耳听了这消息，便和赵衰等商议，一同逃往齐国。先由翟国起行，经过卫国，卫文公不加招待。重耳走到五鹿地方，肚里饥饿，向野人①乞食，野人给重耳一块土，重耳大怒，要去鞭打那野人，赵衰阻止道："得土是得国土的先兆（zhào）②，君还应当拜受呢。"由此便到了齐国。齐桓公很为优待，送给马八十四，又把齐国宗室的女子，嫁重耳为妻，重耳在齐国住了五年，心里恋着齐女，不愿再行。赵衰和咎犯在桑树下商量劝重耳走的方法，被齐女的侍婢（bì）听得了，侍婢告诉了齐女。

① 野人：古时指生活在乡间的人。
② 先兆（zhào）：事先显露出来的迹象。

给孩子的中国历史故事 1

晋文公复国图（局部）南宋李唐 美国大都会艺术博物馆藏

齐女恐怕侍婢泄露，齐国要加阻止，就将侍婢杀了以灭口，并且劝重耳速行。重耳回说："人生得安乐便了，何必作他种贪图，我愿老死此地，不愿他往了。"齐女说："你是一国的公子，穷困来到这里，你的几个从者都靠着你为命，你不速谋回国，建立功业，报答他们的功劳，反而恋着我一个妇人，我真替你惭愧呢。"重耳仍是没有去意，齐女便和赵衰等商议，乘着重耳酒醉，载入车中，出了齐国。重耳酒醒过来，觉着已离开了齐国，大发怒气，抽出刀来，便要杀咎犯。咎犯说："杀了我能成就你功业，那是我所愿意的。"重耳说："若是事业不成，我要食你的肉呢。"咎犯说："事若不成，我的肉腥臊（sāo）得很，何足食呢？"重耳才息了怒气。

重耳出得齐国，便到了曹国，曹共公不礼。又由曹国到了宋国，宋襄（xiāng）公极加优待，以国君的礼款待重耳。重耳以为宋是小国，不足以为援助，不能久居，便去了宋国，经过郑国，郑文公也不加礼。于是到了楚国，楚成王以诸侯的礼款待重耳，一切供应，异常优厚，重耳反觉得局促不安。成王问重耳道："你若得回晋国，将何以报我呢？"重耳说："玉帛（bó）① 珍宝，都是君地的产物，真没有什么可以报答君王的。"成王说："你总得有以报我呢。"重耳说："我若叨（tāo）② 君之福，得回晋国，将来晋、楚两国交兵中原的时候，我当退避君王三舍（shè）（三十里为一舍），以此为报。"楚国将军子玉听了重耳的话，知道其志不小，就请成王杀了重耳，以绝后患③。成王说："以晋公子的贤德，久困于外，又得着才士相从，这是天所成就的，我怎敢杀呢！"重耳在楚国，住了几个月，秦国使人来召重耳，重耳便由楚国到了秦国。秦缪公也极加优待，以秦宗室的女子五人嫁给重耳为妻室。

这时晋惠公已死，怀公即位，晋大夫感着怀公的国政不修，阴④ 来劝重耳回国。秦缪公也极加赞成，愿尽力帮助，于是秦缪公发了秦兵护送重耳回国。晋兵不敢抵敌，又得晋大夫为内应，重耳便得入了晋国。怀公逃奔到高梁，旋即⑤ 被人杀死，重耳立为晋

---

① 玉帛（bó）：玉器和丝织品，古时用作国与国之间交际时的礼物。
② 叨（tāo）：受到好处，常用于客套话。
③ 以绝后患：指除去祸根，以免再受其害。
④ 阴：暗地里，秘密地。
⑤ 旋即：不久。

君，是为文公。

怀公的臣子吕省、郤芮（xìruì），以怀公被杀，要替怀公报仇，乘着文公国事未定的时候，阴谋焚（fén）烧晋宫，趁着火势劫杀文公。寺人披知道了这消息，他是曾经两次奉献公和惠公的命去杀重耳的，如今重耳即位，他想去告发吕省的阴谋，以解前罪，便去求见文公。文公不见，还使人责备他道："蒲城之事，你斩断了我的衣袖，后来你奉惠公的命到翟国来谋杀我，惠公限你三日，你一日就到了，虽是奉了君命，你为甚①要这样快呢？"寺人披回说道："事君没有二心，这是做臣子的道理。今君即位，岂是没有蒲、翟的那样事吗？从前齐桓公弃掉管仲射钩的仇怨，用管仲为相，成就了霸王的业，君若要计旧怨，恐怕祸事又要临到目前呢！"晋文公听了这话，便即见了寺人披，披将吕省等的阴谋，尽告诉了文公。

文公秘密地出了国都，走到王城，和秦缪公相会，晋国人却没有一个知道。吕省、郤芮发难，焚烧晋宫，不见文公，被晋兵打得大败，正待逃走，秦缪公诱了

---

① 为甚：用于询问原因，相当于"为什么"。

吕省、郤芮走到河上，把吕省、郤芮都杀了。秦缪公又发兵三千送晋文公回国。文公回国之后，和赵衰等整理①国政，百姓受了许多恩惠，个个欢乐，晋国的国势，便从此蒸蒸日上②了。

周朝襄王的弟王子带作乱，周襄王出居于郑国。赵衰对文公说道："尊周勤王，是求霸业的好机会，周晋同姓，决不可使异姓诸侯先得了这好机会。"于是文公兴兵护送襄王回朝，还把王子带杀了，平定了周朝的难。

楚成王发兵围了宋国，宋使人至晋国告急求救，文公兴兵救宋，和楚兵相遇于城濮（pú），楚将子玉令楚兵进击，文公令晋兵后退，军吏（lì）说："尚未交兵，怎么后退呢？"文公说："我在楚国时，和成王相约，退避三舍③以为报，怎敢失信呢？"晋兵退了九十里，楚兵还是穷追不舍，于是晋兵回兵应战，把楚兵打得大败，楚将子玉收拾残兵退去，晋兵焚烧楚军的辎（zī）重④，火三日没有熄。晋文公使人

---

① 整理：治理。
② 蒸蒸日上：形容天天向上发展。
③ 退避三舍：后来泛指对人让步，不与相争。
④ 辎（zī）重：军用器械、粮草、营帐、服装等物资的统称。

献楚俘（fú）于周朝，周襄王命文公为侯伯，赐给弓矢（shǐ）等物。文公又率了各国诸侯同朝[1]周襄王，由是晋文公为霸主，继续着齐桓公的霸业了。

文公在外十九年，备尝了艰难困苦，又知道了民间的情伪，所以返国以后，把国政治理得很好。得着这样的霸业，又得着一些贤臣为辅助，所以文公死后，晋国还得保持着霸业百余年。

---

[1] 朝：指诸侯见天子。因朝见多在早上，故称朝。

　　齐桓公与晋文公建立霸业，都打出了"尊王攘夷"的旗号。"尊王"即尊奉周天子，但凡有不尊天子的，就要代天子加以讨伐，"攘夷"即抵御夷狄的袭扰，维系华夏秩序。不过，齐桓公与晋文公称霸的过程还是有明显不同的。齐桓公"尊王攘夷"，除了号召诸侯尊奉周天子，还南服楚，北讨狄，征山戎、孤竹，重建邢国和卫国。其中征讨楚国，既因它有侵扰中原的苗头，又因它不尊周王室，实际上齐国并未与楚国开战，只是迫使楚国求和。晋文公"攘夷"，主要只做了一件事，即打败楚国。然而，晋楚之战既可看作齐桓公"攘夷"的延续，又可看作一个新的争霸时代的开始。晋、楚两国谁能打败对方，谁就能成为中原霸主，称霸的标准由能否实现"尊王攘夷"，变成了大国之间的角逐拼杀。后来楚庄王要争霸中原时，不仅没有尊王攘夷，反而对周天子多有挑衅，后人称之为"问鼎中原"。

历史原典研读

《左传·宣公三年》

　　楚子伐陆浑之戎，遂至于洛，观兵于周疆。定王使王孙满劳[1]楚子。楚子问鼎之大小轻重焉。对曰："在德不在鼎。昔夏之方有德也，远方图物，贡金九牧，铸鼎象物，百物而为之备，使民知神、奸。故民入川泽山林，不逢不若。螭魅罔两，莫能逢之，用能协于上下以承天休。桀有

---

① 劳：慰劳。

昏德，鼎迁于商，载祀六百。商纣暴虐，鼎迁于周。德之休明，虽小，重也。其奸回昏乱，虽大，轻也。天祚明德，有所底止。成王定鼎于郏鄏，卜世三十，卜年七百，天所命也。周德虽衰，天命未改，鼎之轻重，未可问也。"

孔子是一个大儒家，至今数千年以来，为历朝所尊崇，中国的人民，都遵奉孔子的教训；虽然没有宗教的仪式，可是中国人民的信奉，和西方各国信仰耶稣天主一般的诚恳。所以孔子的历史，很有记述的必要。

孔子是东周时人，生在鲁国的陬（zōu）邑，名丘，字仲尼。当他儿童嬉戏的时候，便和普通小孩不同，常陈列俎（zǔ）豆，学着祭祀的仪式，练习升降[1]跪拜的仪容。等到年龄稍长，即发愤求学，最喜研究古代的礼乐法度。当时的人，便把孔子当作儒者看待了。

鲁国的大夫孟釐（xī）子很尊重孔子，将死的时候，对他的儿子孟懿（yì）子说道："孔丘是商朝汤

---

① 升降：上台阶、下台阶。

王的后裔（yì）^①，我听得人说：'圣人之后，必然有显达的。'如今孔丘年少好礼，将来不是成就这显达的吗？我死之后，你必得去从孔丘为师。"孟釐子死后，孟懿子果偕（xié）^②他的兄弟南宫敬叔，往从孔子学礼。

孔子的父亲早死，家里很贫穷，为着生活的艰难，便放弃他的求学时间，在鲁国大夫季氏的家中，做过管理仓库的委吏，又做过掌管兽畜（chù）的司职吏，虽然是卑贱的职务，然而孔子却尽忠职守，管理公库时，必使得料量^③公平，掌管兽畜时，必使得牛羊茁（zhuó）壮。但是没有好久，他便辞了职，仍然继续求他的学。

孔子的名誉，一天一天地加高，四方的学者，渐渐来从孔子为师，而孔子教训弟子很高兴，没有丝毫的厌倦。一年，齐景公到了鲁国，慕孔子的名，见了孔子，问以治国的要道，孔子说明霸王之业，都是用贤才得来的，以感动齐景公。景公听了，很是敬服。

---

① 后裔（yì）：已经死去的人的子孙。
② 偕（xié）：同。
③ 料量：称量计算。

后来鲁国有乱，孔子避乱到了齐国，又和景公谈论一些治国的政事。景公称赞不止，想把尼溪地方封给孔子。齐国的宰相晏婴极力诋（dǐ）毁儒者研求礼乐的繁碎，人民毕生不能穷究其学，不合齐国的风俗，景公便不用了孔子，孔子仍回到鲁国来。

鲁定公命孔子为中都（dū）（中都，今山东汶上县）宰（zǎi）。孔子治理一年，把中都的政事，做了四方各邑的模范，便由中都宰升做司空。不久又由司空升为大司寇（kòu）。齐国见鲁国用了孔子，心里恐惧，便派了使者来鲁国修好，并约请鲁定公在夹谷地方和齐景公相会。

鲁定公去赴会，孔子又代理了宰相职务，跟着随行。孔子请照古时诸侯出疆①的礼，设左右司马官，执行军法的事务。定公许诺，设了左右司马官，和齐景公在夹谷相会了。两君相见，行过了会遇的礼，便登坛饮宴，又行过了酬（chóu）献的礼，齐国的有司趋（qū）进说道："请奏四方之乐。"景公说："好。"于是齐国方面走出一队各执羽旌（jīng）②旗帜（zhì）、

---

① 出疆：古代指离开某一封国疆土，前往他国。
② 羽旌（jīng）：古代以鸟羽、牛尾做装饰的旗帜。

为委吏图 孔子圣绩图 明 仇英 私人藏

夹谷之会（局部）孔子圣迹图 清 焦秉贞 私人藏

戈矛刀剑等武器的人，鼓噪①着登坛，正待起舞了。孔子忙趋进登坛，举起衣袖大声说道："今天我们两国的君为和好的会，怎么令这种夷狄的乐来到此地呢？"景公听了，很觉惭愧，便挥令退去了。过了一刻，齐国的有司又趋进说道："请奏宫中之乐。"景公允许了，于是有一班倡优侏（zhū）儒②，为戏而前，杂踏登坛。孔子趋进厉声说道："拿了淫戏来迷惑诸侯的，罪当杀。"便命司马执法，司马当即杀了一个倡（chāng）优。这会也就草草而散。景公回国以后，心里感动，知道自己的礼义不及鲁国，对群臣说道："鲁国的臣子是以君子之道，辅佐他们的君主；你们却以夷狄之道教我，使我得罪于鲁君，这怎么办呢？"群臣都主张向鲁国谢过。于是，齐景公尽把从前所侵略鲁国郓（yùn）、汶（wèn）阳、龟阴的田，归还鲁国，以谢罪过。

孔子自夹谷之会回国以后，更得定公的信任，仍然代行宰相的职务，于是切实整理国政，鲁大夫少正

---

① 鼓噪：擂鼓呐喊，以壮声势。
② 倡优侏（zhū）儒：古代以乐舞、杂耍为业的艺人。侏儒，本义是身材短小的人，因古代优人常由侏儒充任，故称优人为侏儒或倡优侏儒。

卯（mǎo）是素来惯搅乱国家政事的，孔子把少正卯杀了，从此鲁国臣民都一面感德，一面畏威，没有一个不心悦诚服孔子的威德了。孔子为相，不到三个月，国内大治，人民都知礼义，男女行路的，各分路而行，路中遗失的东西，没有人拾去。远方外客到鲁国来的，鲁国人无处不表示亲爱，所以远客好像在自己家中一般，这都是孔子礼义之教所致。

齐国听得鲁国大治，更加恐惧，以为鲁国强盛，齐鲁相邻，必然要先灭齐国，便想用计离间鲁国的君臣，于是选了国中的美女八十人，穿着锦绣①的衣裳，教会了歌舞，还备着文马②三十驷（sì）③，送给鲁君。果然鲁君为女色所迷，三日不听朝政。孔子没得办法，只得弃了官职，往别国去，希望别国君主能够用他，得行他的大道，从此便周游列国。

孔子由鲁国出来，便到了卫国。卫国不用，将往陈国，经过匡（kuāng）城。孔子的面貌好像阳虎，

---

① 锦绣：精美鲜艳的丝织品。
② 文马：毛色错杂的马。
③ 驷（sì）：计数马匹的单位。马四匹为驷，三十驷就是一百二十四马。古代一车套四马，以驷称一车所驾之四马，故以此为单位。

从前阳虎得罪了匡人，匡人以为孔子是阳虎，便派了甲士把孔子围住，很是紧急。跟随孔子的弟子，个个吓得发抖，孔子却很镇静。只有弟子子路在这危急中，还弹剑唱着歌，孔子依韵唱和，唱了三遍，匡人听了，知道他不是阳虎，才解围而去，孔子仍旧回到卫国。居了月余，又去了^①卫国，经过曹国，到了宋国。

孔子在宋国，和一些弟子在大树下习礼。宋国司马桓魋（tuí）平昔^②最厌恶孔子的，要谋杀孔子，命人将那大树斫拔了。于是孔子离开宋国，弟子催着速行，孔子说："天生德给我，桓魋怎能奈何我呢！"便到了郑国，孔子和一些弟子离散了。孔子独立在郑国的东郭门。弟子子贡正要寻找孔子，听得郑人说道："东门有一人，他的颡（sǎng）额^③似尧，他的颈项像皋陶（Gāo Yáo），他的肩背像子产，但是他的状态，惶惶然好像一个丧家之狗。"子贡走到东门，果然见着孔子，将这郑人的话据实告诉了。孔子笑

---

① 去了：离开。
② 平昔：平素，向来。
③ 颡（sǎng）额：额头。颡，额也。

给孩子的中国历史故事 1

宋人伐木 孔子圣绩图 明 仇英 私人藏

说道："他说我的体貌像古人，恐怕未必；但是说我像一个丧家之狗，那真形容得很确当呢。"由此到了陈国，在陈国住了三年，仍回到卫国。这时晋国强大，赵简子为政，孔子想到晋国去见简子，走到半路，听得晋国杀了窦鸣犊（dú）和舜华，这两人都是晋国的贤大夫，孔子就怀着兔死狐悲①之念，不敢再到晋国，就折回卫国。又由卫国再到了陈国，在陈又住了一年，迁到蔡国。

楚昭王很慕孔子的名，听得孔子在陈、蔡之间，就派了使者来迎聘孔子。陈、蔡的大夫听了这消息，都来商议道："孔子是大贤人，久居陈、蔡两国，见了我们的行事，很不满意。而今强大的楚国来迎聘孔子，若是孔子见用于楚，孔子必然要责罚我们，那我们就很危险的了。"于是两国的大夫同发兵士把孔子围困在郊野。孔子被围很久，粮食断绝，跟随的人，个个饿得不能起床。孔子却和没事人一般，仍旧和弟子们讲究学问，弹琴唱歌不辍（chuò）。弟子中子路、子贡都是有大学问的，然而不免着急，现出忿（fèn）②

① 兔死狐悲：比喻因同类的灭亡而感到悲伤。
② 忿（fèn）：旧同"愤"。

怨的颜色①；只有颜渊和孔子一样，很是安静，孔子极为称赞。后来派了子贡偷出围困，到了楚国，告急求救。楚昭王兴动大兵，才将孔子迎到楚国来了，楚昭王想把土地七百里封给孔子。楚国的令尹子西对昭王说道："王的外交使臣，没一个能及子贡的；王的辅相，没一个能及颜渊的；王的将帅，没一个能及子路的；王的官吏，没一个能及冉求的。若是孔子得据七百里的土地，得了一些贤弟子为辅佐，那岂是我们楚国的福吗？"于是昭王不封孔子了。孔子由楚国又回到卫国，再由卫国回到鲁国。孔子在列国游历了十四年，毕竟没有一国能够用他。

孔子回鲁以后，自知不能见用，便尽力著作，借以传之后世。于是把古代的《书经》②《诗经》亲加删定，又订定礼乐的制度。还把当时列国所行的政事，都记载出来，行善的加以褒奖，作恶的寓著贬罚，这部书便叫作《春秋》。从此四方学者来师事孔子的，日益加多，孔子尽教以诗书礼乐。孔子的弟子共有三千

① 颜色：指脸上的表情。
② 《书经》：指上古典籍《尚书》。

人，能精通六艺^①的，有七十二人。

孔子活到七十三岁死了。自汉朝以来，专尊儒家，推尊孔子，自后为历代所尊崇，凡国家的一切礼乐制度，都以孔子所定的为依归。孔子虽然没有见用于当时，他的教义却能传之于后世，称之为大圣，至今山东曲阜县还保存着巍（wēi）然^②的坟墓——孔林。

---

① 六艺：指礼、乐、射、御、书、数。
② 巍（wēi）然：形容建筑物雄伟的样子。

文史充电站

　　孔子的主张中有一大特色，就是把礼看得很重。孔子年少时就表现出了对礼的浓重兴趣，后来更是不断钻研，悉心求学，并劝导各行各业的人们按照礼仪约束自己。孔子的学说除了可以供人们拿来修身养性，同时它有一个很重要的目的是为治理国家。按照孔子的学说，西周时期礼乐制度健全，上到天子显贵，下到平民百姓，都遵守礼制，国家太平，人民安乐；春秋时期，"礼崩乐坏"，大概是说人们都不再按照礼制要求自己，于是政治混乱，人民也生活于苦难之中。孔子宣扬礼，就是希望治理国家的人能够按照礼来治理国家，引导臣民守礼。通过人人守礼，恢复政治秩序，实现天下太平。这便是孔子的政治理想。

老子的高谈清净

春秋时候，学术很为发达，和儒家对立的，便是道家。儒家以孔子为宗，道家以老子为宗，两派都是中国学术的先祖，在中国文化史上，很占重要位置。但是后来历代帝王专尊儒家，以外的各家，都加以排斥，所以后世道家的学说，虽然保留，而社会上的势力没有一点，尽为儒家所独占了。

老子和孔子同时，生在楚国的苦县，姓李，名耳，字聃（dān）。相传老子的母亲怀胎八十一年，没有生下，后来逍遥于李树下，割开左腋，才生了老子，因指着李树为姓，所以姓李氏。这话是不足信的。

老子专修道德，主张清净无为。他以为儒家的礼乐法度，尽是教人作伪，使人贪图名利，弄得天下不太平。要毁灭古先圣王一切的制度，解除人民身心上的束缚，使人民发展固有的天性，趋向真朴，把嗜（shì）欲看淡，然后人类才没有了争夺，这才是真正的治平。

所以道家的学说，完全和儒家相反，道家极端地诋毁儒家，儒家也尽力排斥道家，两家成了政治上对峙（zhì）的敌人。

老子做过周朝的守藏史，孔子曾到过周朝，问礼于老子，老子回说："你所讲的古圣人，如今他的人和骨都已朽腐了，只存着几句空话，研究了有什么用处？并且君子的人要是得着时候，就做一番事业，不得着时候，就自己隐退，何必要强勉地碌碌奔走呢？我还听得君子的人，怀着盛德 ①，他的外貌却和愚蠢人一般，你须得除掉你的骄气和欲念，这都是无益于你的，我所教你的，就是这一点了。"孔子受了这番教训，觉得老子所讲的道理很高深，回去对弟子们说道："鸟类我知道它善飞，鱼类我知道它善游，兽类我知道它善走 ②，但是都可以用渔猎的方法，为人所捕获；至于龙，我不知道它怎样能乘风云而上天。今我见了老子，好像见了龙一般。"

老子是主张清净，不求名利的，对于做官，是很不愿意。他在周朝所做的守藏史，是一个很闲散的职

---

① 盛德：美好的品德。
② 走：跑。

务，不过借此以居于人烟稠（chóu）密的朝市，便于宣传他的主义罢了。他在周朝见了国势日衰，便要隐居于清净的地方去，于是辞了周朝，向西游行。

函谷关的关令尹喜，也是修道的人，精[1]天文星宿的学问，常常服食日月的精华，隐居关中，修德行仁，当时的人，没有知道他的。他望着天空有紫气浮在关上。知道必有真人来此，于是留心守候。没有好久，果然见老子骑着青牛缓缓地向关而来，尹喜大喜，便留着老子，请老子将道家的学理，著书传教。老子于是著了一部《道德经》，共有五千多字，这是道家唯一的真经，但是辞义深奥，人家看了很难懂得。《道德经》著成之后，尹喜也跟着老子一同西行，到了极西的流沙地方，从此老子、尹喜都和国人隔绝，国人也不知道他们怎样结局了。

后来有庄周，研究老子的学说，著了一部书，名叫《庄子》，阐明老子的学术，诋毁孔子的党徒，文辞很好，大为世人所尊重。这部书一出，不独庄周的名誉为人所尊重，老子的学术，也因此大为发达了。

---

[1] 精：精通。

楚威王听得庄周的贤名，很是敬慕，便派了使者捧着币帛恭恭敬敬地来迎接庄周，请庄周为楚相。庄周笑着对使者说道："我听得我们楚国有一个神龟，死了二千年了，被很宝贝地藏在庙堂之上。你以为这龟死了得这样的尊荣好呢？还是活着拖了尾巴在泥涂中时好呢？"使者说："当然是拖了尾巴在泥涂中时好些。"庄周说："我也宁肯拖尾于泥涂中，怎肯受那有国的束缚呢？"庄周从此终身没有做官，他的行事也和老子一样，所以后世将老庄并称。

　　道家自老子开了宗派以后，虽然受着历代帝王的压抑，而学说却很有人研究。但是后世谈神鬼的道士，用符箓（lù）治病，骗人钱财的，也假①着道家的名，推尊老子，使他成为一个无上的神鬼，他们更造出许多荒唐怪诞的神话，流传于下等社会中，至今不绝。其实老子的真学问和他的救济世道的心思，都被这些道士淹没了。

---

① 假：借用。

春秋与战国时期道家的代表人物是老子和庄子，他们的思想一脉相承，不过他们主张的侧重点还是不同的。老子最为有名的主张是"无为"，讲究"无为而治""无为而无不为"。治理国家需要"无为"，否则烦琐的政令、礼节会影响人们的生产生活，给人们带来诸多不便，同时礼节还会使人变得虚伪，只有"无为"才能使民风淳朴，社会秩序井然。相比老子更多关注如何治理国家，庄子主要讨论的问题是个人的超脱与解放。道家学说后来虽然没有像儒家那样成为"官方学说"，但仍然影响深远，无为而治的思想在历史上经常出现，而很多我们熟悉的文人，如李白、苏东坡，多次在诗文中表现出对于个人超脱的追求。老庄的思想，构成了中华文化的重要组成部分。

春秋以后，因为各国诸侯自相吞并，到战国时，只剩得七国①了。七国之中，要算秦国最强。推原②秦国致强的缘由，是由于商鞅（yāng）的变法，后来吞并六国，成就了统一的帝业，都是商鞅的功劳③。

商鞅是卫国人，本姓公孙氏。他在少年的时候，喜欢研究刑名④的学问，后来到了魏国，在魏国宰相公叔痤（cuó）的名下做一个中庶（shù）子的官职。

---

① 只剩七国是不准确的，比如本则故事的主人公商鞅就是卫国人，卫国并不属于战国七雄。关于战国时候的诸侯国，后面故事注释里有详细说明。

② 推原：推究。

③ 作者这一句话并不准确。说商鞅功劳很大是对的，不过，从商鞅变法到秦始皇完成统一经历了一百多年，这一百多年秦国出现了一大批声名显赫的文臣武将，还有为了秦国前赴后继的万千普通百姓，他们对秦的兴旺以及统一都有很大贡献，并不都是商鞅的功劳。

④ 刑名：法家主张赏罚分明，循名责实。所谓循名责实，简单说就是说法、称谓（名）要与实际情况（实）相符合。

公叔痤知道商鞅有治国的才干，正要荐与魏王，大用商鞅，恰遇自己病了，不曾和魏王说得。

公叔痤的病，渐加沉重，很是危险了。魏王亲来看公叔痤的病，并且问道："如果公叔的病，万一不幸的时候，魏国的事，谁人可办呢？"公叔痤回说："我的中庶子公孙鞅，年龄虽少，真是奇才，可以大用，我死之后，愿王把国事听公孙鞅办理。"魏王听了，表示极不满意的形色，并没有回答公叔痤的话。公叔痤叫旁人退出，秘密地向魏王说道："王若不用公孙鞅，就要杀了他，不要使他出魏国的境，为别国所用了。"魏王当时便允许了。

魏王回到朝里，和左右的人说道："公叔痤要我把国事听公孙鞅办理，真是病得很昏聩（kuì）①了。"

公叔痤又叫了商鞅来，说道："今日王问我谁人可以为相，我本荐了你，我看了王的形色好像不许，我又向王说了，既然不用你，就要杀掉你，王当时允许了。我为私情上特告诉你，你要快些逃走，免受危险哩。"商鞅回说道："魏王既不信君的话用我，又

---

① 昏聩（kuì）：形容头脑糊涂，不明是非。

怎能信君的话杀我呢！"商鞅毕竟不走，直到公叔痤死后，听得秦孝公下令求贤，才往秦国去了。

商鞅到了秦国，先见了秦孝公最宠爱的臣子景监，求了景监的援引^①，才见了孝公。商鞅和孝公谈话，自己正谈得高兴，孝公却听得生厌，时时睡着了。商鞅去了，孝公责备景监道："你所引见的客，简直是个莫名其妙的人，用他做什么呢？"景监将孝公的话也责备了商鞅一番。商鞅说："我和孝公说的是帝道^②，可惜他不能领悟呢。"

过了几日，孝公又召见商鞅，商鞅又谈论许久。孝公听了，还是不中意，又对景监道："你的客，毕竟没有什么意思。"景监又将这话责备了商鞅一番，商鞅说："我说的是王道^③，他不能用呢。"

不久，孝公又召见商鞅。这次孝公听了商鞅的话，点头称善。孝公对景监说道："你的客可以谈论国事了。"景监又将这话和商鞅说了。商鞅道："我说的是霸道^④，大约中合王的意思，下次若再见我，我便

---

① 援引：引荐。
② 帝道：五帝治理天下的方式。
③ 王道：三王（即夏、商、周）治天下之道。
④ 霸道：即五霸治国之道。

给孩子的中国历史故事

1

有话说了。"

商鞅既得着孝公的称许，便不待孝公的召，自己去求见。孝公接见，此次听了商鞅的话，异常高兴，不觉得手舞足蹈起来，就留了商鞅住在宫里，一连谈论了三天，方才出来。景监问商鞅道："你说了些什么？使得君王这样喜欢呢？"商鞅回说："我起先说的是帝王之道，君王以为时间太久，不能等候；后来我说的是霸道，尽是富国强兵的方法，所以君王便大欢喜了。"于是孝公用商鞅为宰相，一切国事，尽听商鞅办理。

商鞅任了秦国的政事，便把一切旧法改变，定出新法，最重要的是把"井田"法废除了，开成阡（qiān）陌，农民有力的，可以多种田，不受"井田"法的限制，于是开辟了许多荒土，农民又尽力耕田，收获比以前丰富得多了。还注重军事，没有军功的人，不许得富贵，使秦国的人个个整顿武备。此外还定出许多法律，令大家遵守。

商鞅因为初到秦国，没有得到人民的信服，此次定出许多法令，恐怕人民还不见信，就竖立一根三丈长的木，在国都的南门，召募人民能将这木搬至北门的，给赏十金。一般人民都以为这搬木是很容易的事，竟至重赏十金，大家都很奇异，有些不相信，没有人去应他的召募。商鞅见没有人应召，便下令有能搬木的加赏五十金。大家更加奇怪，不敢动手，后来有一人说："我且搬过去试试看。"商鞅果然赏了他五十金。这事一传之后，大家知道商鞅是令出必行了。

新法正在行了，太子犯了法，商鞅说："法令的不行，就是由于在上的人犯法。今太子犯法，不便加罚，就要罚他师父教训不严的罪。"于是将太子的师父公子虔（qián）和公孙贾，都处了很严重的刑罚。从此秦国人，个个害怕，不敢违反商鞅的法令了。

过了十年，秦国大治，人民家家富足，山中的盗贼也没有了，路上丢掉的东西也没有人拾去了，人民对于国家的战争，个个奋勇，对于私人的斗争，却不敢舍命了。于是秦国一变为富强之国，称雄中国了。

魏国在秦国的东界，是秦国到中国①来的门户，所以历来秦国对于魏国很是重视。秦国既然富强了，商鞅对孝公说道："秦国和魏国因为地势的关系，

① 中国：中原。

京畿瑞雪图（局部）宋 佚名 北京故宫博物院藏

不能相容，好比人患了心腹之病①，终是祸害，不是秦国并吞魏国，便是魏国并吞秦国的。今赖君之贤圣，国家兴盛，不如趁此兴兵伐魏，魏若不能支持，必然要迁都避让，然后秦国据了山河的险固，才可东向以制伏中国的诸侯，霸王之业，方可成功哩。"孝公听了，很以为然，便命商鞅带兵伐魏。

魏国使了公子卬（áng）将兵，抵御秦兵。秦魏两国的兵正在相持的时候，商鞅写信给公子卬道："我俩从前是很好的朋友，如今各为国事，就要打起仗来，我是很不愿意的。我想和你当面相会，共谈和好，促进两国的邦交，免得用兵，岂不好吗？"公子卬信以为然，便两方商定了相会的地点。

商鞅先埋伏一些兵士在相会的地方。到了约定的日期，公子卬以为是和平的相会，并且相信商鞅不至于欺他，就轻车简从②而来，商鞅置酒款待，正是酒半酣（hān）③的时候，埋伏的兵士一齐出来，活捉了公子卬，就乘势向魏国的兵进攻，把魏兵打得大败，

① 心腹之病：指身体内部的致命疾病。
② 轻车简从：行装简单，随从不多。
③ 半酣（hān）：酒喝到半醉，形容酒兴正浓。

掳（lǔ）了公子卬回秦国来了。

魏国因为连年战争，国内空虚，这次又为秦国所败，魏王大恐，请与秦国讲和，割了河西地方贡献秦国，又迁都到大梁，以避秦国的锋。到了这时，魏王说道："我悔不听公叔痤的话了。"

商鞅破了魏国，孝公给于商之地十五县，封商鞅为商君。所以后人称他为商鞅。

商鞅虽然把秦国治理得很好，但是用法太严，国中除了孝公一人以外，没一个不切齿①痛恨他。等到秦孝公死了，太子即位为惠王，商鞅因为从前处罚了太子，心里很不自安，于是公子虔告商君作乱，惠王命人捕捉商君。商君逃走，到了一个民家，要求借宿暂行躲避。民家不知是商君，说道："我们商君的法令，是不许人容留逃犯的。"商鞅听了叹道："这真是作法自毙哩。"后来逃奔到了魏国。魏国人怨恨商鞅欺了公子卬，破了魏兵，就捉了商鞅，送回秦国。秦国用四马分尸的严刑，把商鞅处死了②。

法家学说又称"刑名法术之学"，"刑"通"形"，"刑名"是指名实相符，"法术"是刑法和治国之术。法家主张治理国家要刑罚与罪责相当，而罪责的确定要符合实际情形，故而法家治国首先要求制定律法，进而根据具体案件依照律法规定确定罪名，然后根据律法量刑。商鞅变法的一项重要内容就是为秦国制定了一套较为完整的律法，除了稳定社会秩序之外，秦国还可以通过这套律法控制人民，获得物资、战士和劳动力，从而使国家强大起来。商鞅变法的意义还远远不限于此。商鞅还将律法的精神引入军事和社会生活领域，确定了赏罚分明的制度，奖励耕战，勤劳的农民与勇敢的战士都可以获得丰厚的回报，反之将受到严厉的惩罚，这些措施大大提升了民众参与生产与战争的积极性，为后来秦国的统一奠定了坚实的基础。

苏张的纵横

战国时候，只有秦、楚、燕、赵、韩、魏、齐七国了[1]。七国之中秦国最强，恃（shì）[2]着兵力时常夺取他国的土地；而六国的君主又常自动地割了土地向秦求和，贪着一时的苟（gǒu）安[3]，不顾将来的亡国。于是便有当时的谋士，主张联络东方的六国诸侯，团结一致，以抵御西方的强秦，这便叫作"合纵"。合纵的效力很大，秦国恐惧，便又有替秦国打算的政客，主张六国的君主解散纵约[4]，和秦国相连，这便叫作"连横"。主张合纵的是苏秦，主张连横的是张仪。

苏秦是东周洛阳人，少时和张仪同学于鬼谷先生

---

① 文中所列七国为主要大国，除这七国之外还有中山、宋、鲁等国。

② 恃（shì）：倚仗。

③ 苟（gǒu）安：只顾眼前，暂且偷安。

④ 纵约：合纵的约定。

处，两人的辩才都很好，口似悬河一般。苏秦家里贫寒，想借着游说，去谋官禄，起初去求见周显王，显王的左右都知道苏秦是个好说大话的少年，加以轻视，所以周显王也不信他了。于是苏秦检点行装，走到秦国。这时秦国正杀了商鞅，恶厌外来的辩士，任凭说得天花乱坠[1]，总是不能见信[2]的。苏秦住在秦国很久，资斧[3]断绝，行李衣服都卖掉了，于是单衣赤脚，颜色[4]憔悴（qiáocuì），沿途乞食地回到家中。他的妻子正在织布，见了苏秦这种模样回来，便不下机来招待，他的嫂嫂也不替他炊[5]食物，并且责备他道："你不治产业，尽力工商，要学读书游说，今受这种困苦，不是应该的吗？"苏秦听了，很自伤惭，于是闭门不出，检发旧书，得姜太公《兵法》，尽心研究，读到夜深欲睡的时候，引锥（zhuī）自刺其

---

① 天花乱坠：形容说话有声有色，非常动听。此语源于佛教传说，传说佛祖讲经，感动了上天，天上的各色香花，纷纷降落下来。
② 见信：被相信。
③ 资斧：本义是利斧，这里指旅费。
④ 颜色：指容貌。
⑤ 炊：烧火做饭。

股^①，血流到足踵（zhǒng）^②间，自己说道："哪里有游说君主，不能得他的金玉锦绣和卿相的尊荣的吗？"读了一年，心里很有把握，又说道："这真可以游说当世的君主了。"

苏秦又整装出外，起先到了赵国，因为赵国的宰相奉阳君不见信，就离了赵国，到了燕国，在燕国住了一年，才得见了燕文侯。说^③文侯联络赵国，与赵合纵，免得燕国的祸患，把其中利害说得很详细。文侯听了很欢喜，便赐给苏秦车马和金帛，送了苏秦又到赵国来。

这时赵国的奉阳君已死，苏秦见了赵肃侯，说道："六国的土地，五倍于秦国，六国的兵士，十倍于秦国，若六国联合为一，并力攻秦，秦国必然要破灭。如今六国各自为政，反要西面^④侍奉秦国，岂不可耻？臣请联络韩、魏、燕、赵、齐、楚为一以合纵，共同抵御秦国，若秦国攻打一国，则五国出兵救助，有不出兵的，也以五国的兵去讨伐。那么，秦国

---

① 股：大腿。
② 足踵（zhǒng）：脚后跟。
③ 说（shuì）：劝说别人听从自己。
④ 西面：面向西。

必不敢出兵，君王的霸业也成就了。"赵王说："寡人年少，不懂得治国的道理，今先生有这样安天下定国家的大计，寡人愿以全国听从先生的命了。"便备了兵车百乘、黄金千两、白璧百双、锦绣百匹，请苏秦去约定各国的诸侯。

苏秦奉了赵王的命，车马金帛，炫耀动人，好不威武，便先到了韩国，由韩国又到了魏国，再由魏国到了齐国，最后到了楚国，那些韩、魏、齐、楚的君主，都赞成合纵的计策，于是六国的君主会议合纵的条约，以苏秦为纵约长，并佩六国相印。苏秦由楚北行，归报赵王，各国都派了使者兵马护送，车骑扈（hù）从 ①，好像王侯一般。正从洛阳经过，周显王听得了，很是恐惧，忙命人清洁道路，派了使者出到郊外迎接。苏秦的兄弟妻嫂，都侧目不敢仰视，俯伏跪在道旁。苏秦笑对他的嫂嫂说道："嫂，你为什么从前那样倨（jù）傲 ②，现在这等恭敬呢？"嫂以面掩地，匍匐（púfú）③ 而前回答道："我见了季子 ④ 的位高

---

① 扈（hù）从：随从。
② 倨（jù）傲：傲慢。
③ 匍匐（púfú）：爬行。
④ 季子：苏秦的字。

而又金多呢。"苏秦叹道："贫穷则嫂不以为叔，妻不以为夫，富贵则亲戚都畏惧了。人生于世，势位富厚，岂可不注意吗？"

苏秦回到赵国，六国合纵归赵，赵肃侯封苏秦为武安君。秦兵不敢出关一十五年。后来苏秦为仇人所刺死，六国的合纵也被秦国连横之策打破了。

张仪是主张连横之说的，他和苏秦同学时，苏秦自以为不及张仪。后张仪也因家贫，出外游说诸侯，到了楚国，一次，在楚相家饮酒，酒后楚相家失去一块璧玉，门下人都说道："张仪家贫无行，必然是他偷了相君的玉。"就捉了张仪拷打一顿，张仪不肯承认，才将他释放了。张仪回家，他的妻子对他说道："你不读书游说，怎会受这耻辱呢？"张仪说："你看我的舌头还在吗？"妻笑说："舌头仍在。"张仪说："只要有我的舌头存在，便不怕没有出息了。"

当苏秦奉赵王命去约各国诸侯合纵的时候，苏秦恐怕秦国要出兵攻打六国，破坏了纵约，想使人见用于秦国，加以帮助，只有张仪的才干，才能担当这使命。于是使人去感动张仪道："你和苏秦原是好朋

洛神賦第一卷

友，如今苏秦已得显贵，你何不去谒（yè）见① 苏秦，求达你的志愿呢？"张仪听了，果然走到赵国，求见苏秦。苏秦故意叫门下人② 不为通报，过了几天，才召见了，令张仪坐在堂下，给以很粗粝（lì）③ 的食物，并责备道："以你的才能，你自己弄到这般困苦，我虽然能富贵你，但是因为你自己不振作，我也不能援引你了。"张仪此行，满以为故旧交情，必得见爱，反受了这番耻辱，心里惭愧万分，因念能和赵国为难的，只有秦国，就走到秦国去了。

苏秦见张仪已去，对他的舍人说道："张仪是天下贤士，我自以为不及，今我幸得先用，将来见用于秦国的，只有张仪才可。但是因为贫穷，没有进身之阶④，我恐怕他就埋没了，特召来激怒他，你可替我去秘密地给以资助。"于是给舍人以金币车马，使随行于张仪的后面。那舍人和张仪渐渐交熟了，将金币车马尽奉给张仪，张仪遂得到了秦国，进见惠王，用为客卿。那舍人便要辞去，张仪说："我赖你资助，

---

① 谒（yè）见：进见。
② 门下人：权贵之家供使唤的人。
③ 粗粝（lì）：粗糙。
④ 进身之阶：做官或升迁的阶梯。

才得显贵，现在我正要报德，你怎么就要去呢？"
舍人说："我不是知你的，知你的是苏君，苏君恐怕秦伐赵，破坏了纵约，以为非你的才干，不能见用于秦国，特召来激怒你，使我秘密地给你资助，这都是苏君的计谋；今你已见用①，我要归报苏君了。"
张仪很惊叹地回说道："我在苏君的术中，尚不知道，这是我明明地不及苏君了。我又是新用，怎能谋害赵国呢？请你替我谢苏君，苏君在时，我决不敢谋赵哩。"

张仪既做了秦相，写信给楚相道："我从前和你饮酒，我没有盗取你的璧玉，你就拷打我；如今你要好好保守你的国家，我还要来盗取你们的城池呢。"

张仪做秦相四年，又到魏国为相，想借此破坏纵约，使各国诸侯侍奉秦国。便劝魏王事秦，得强秦的保护，魏国可以高枕无忧。魏王果然信了，背弃纵约，请与秦国讲和了。

后来秦国想伐齐国。因为齐、楚是合纵之国，恐

---

① 见用：被任用。

怕楚国出兵救齐，便差了张仪到楚国。楚王果信了张仪，不出兵救齐，反与秦国讲和。张仪又到了韩国、齐国、赵国、燕国，都说以连横的利益，各国诸侯都信了，争先侍奉秦国，于是合纵之约，完全瓦解，后来秦国得以挨次并吞了六国。

司马迁在《史记》中这样评价苏张二人："此两人真倾危之士哉！"是说这两人仅凭言语就可以毁掉一个国家。历史上将苏秦、张仪这种以游说诸侯为业的人称作"纵横家"。纵横家既可以说是古代外交家，又可以说是谋略家，同时还是演说家。在春秋战国时期，涌现出了诸子百家，除了以上讲到的儒家、道家、法家、纵横家之外，还有墨家、兵家、阴阳家、名家、农家等，史称"百家争鸣"。到了汉武帝独尊儒术以后，各种学术渐渐退出了官方学术体系，但它们的精神和内容都以各种形式深深融入了中国文化和中国社会之中。在现存史料中，自战国后期，就有人开始系统地对百家进行分类比较，可以帮助后人理解诸子百家的学说与各自的特点。

历史原典研读

司马谈《论六家要旨》（出自《史记·太史公自序》）

　　《易》大传："天下一致而百虑，同归而殊涂。"夫阴阳、儒、墨、名、法、道德，此务为治者也，直所从言之异路，有省不省耳。尝窃观阴阳之术，大祥而众忌讳，使人拘而多所畏；然其序四时之大顺，不可失也。儒者博而寡要，劳而少功，是以其事难尽从；然其序君臣父子之礼，列夫妇长幼之别，不可易①也。墨者俭而难遵，是

---

① 易：改变。

以其事不可遍循；然其强本节用，不可废也。法家严而少恩；然其正君臣上下之分，不可改矣。名家使人俭而善失真；然其正名实，不可不察也。道家使人精神专一，动合无形，赡①足万物。其为术也，因阴阳之大顺，采儒墨之善，撮名法之要，与时迁移，应物变化，立俗施事，无所不宜，指约而易操，事少而功多。儒者则不然。以为人主天下之仪表也，主倡而臣和，主先而臣随。如此则主劳而臣逸。至于大道之要，去健羡，绌聪明，释此而任术。夫神大用则竭，形大劳则敝。形神骚动，欲与天地长久，非所闻也。

---

① 赡：供给；足。

扫码可得朗读音频

给孩子的
中国历史故事

桥梁书版

从秦并六国到
三国分立

汤芸畦　著
单敏捷　审读

北京联合出版公司
Beijing United Publishing Co.,Ltd.

目录

秦始皇是秦庄襄王的儿子，当他即位时，承着几代传下来的威势，六国诸侯都争先侍奉秦国。秦国不须出动兵力，六国诸侯都拱手奉送土地给秦国，所以秦国得从容布置，次第①把六国并吞了。

始皇即位后，用李斯为宰相，李斯教始皇以远交近攻的计策②。因为韩、魏、赵是和秦国相隔很近的，齐、楚的国势较大，又相隔最远。便派了使者到齐国讲和，约为兄弟之国，秦为西帝，齐为东帝；又使人至楚国也约为兄弟之国，互相交好③。于是秦国出兵先灭了韩国，次灭了赵国、魏国。燕国见韩、

① 次第：依次。
② 远交近攻策略的提出者是范雎，并非李斯。范雎曾对秦昭襄王言："王不如远交而近攻"，劝秦土结交远处的齐国，而进攻邻近的韩、魏。
③ 这些故事其实跨越了较长时间段，并非都是李斯辅佐秦始皇时期。齐、秦互称东、西二帝，在昭襄王十九年，秦楚约为兄弟之国是张仪促成的，时间都早于秦始皇。

魏、赵三国都为秦所灭，大起恐慌，于是派了荆轲（Jīng Kē）至秦，谋刺秦王，荆轲未能成功，反惹得秦王大怒，即刻出兵把燕国灭掉了。然后灭了楚国，最后灭了齐国。从此中国统一，就成了秦朝的帝业。

秦始皇统一了中国，自己以为无上的尊严，对于天子的称号，就要改变。古时的三皇称皇，五帝称帝，他以为他的功业比三皇更要高，德行比五帝还要大，只好并称为"皇帝"。又以为皇帝的谥号，是死后由臣子所定的，失了皇帝的尊严，便废除谥号，从他自己起，称为始皇帝，将来传子传孙，便称为二世、三世……以至于千万世。

始皇以为周朝的封建诸侯，把各地的政权分给了诸侯，有损天子的威权，而且诸侯子孙世袭，到后来必定弄成诸侯强天子弱的弊（bì）病，就把封建制度 ① 废除，改为郡县制度，将中国分为三十六郡，郡下分县，郡县各设官治理。这样一来，各地方的政权，尽由皇帝掌握了，在我国上古史的政治上，这是一桩

---

① 封建制度，这里指分封制，与现在一般所说的中国封建社会不同。

焚书坑儒 彩绘帝鉴图说 明 佚名 法国国家图书馆藏

大大的改革。

　　始皇因为想要保全他万世子孙的帝业，以为兵器是作乱的凶器，假使没有兵器，人民一定不能作乱，就把国中所有的兵器，尽行搜集，用火销毁，铸成十二个金人，置在宫中，当作一种装饰品。人民有私藏兵器的，就要照法律治罪。

　　还有作乱的根源，就是知识，因为人民有了知识，便知道自己所受的痛苦，是由于国家政治的不良，既然知道政治的不良，就要谋改良的方法，以解除自己的痛苦，所以革命就由此而生①。始皇因为防备人民的反抗，最怕是人民有知识。读书是求知识的路径，就禁止人民读书，把国中的书籍尽行烧毁，如果有谈论《诗》《书》的，治以死罪，若是根据古代的事来议论当时政治的，那便是大逆不道，要治以全家诛戮（zhūlù）②的罪。这是始皇要想人民蠢如鹿

----

　　① 这一段陈述很大程度上是作者自己的演绎和想象。秦以法家思想治天下，法家主张人们都懂得并遵行法令，如果学习了律法以外的太多知识，就会轻易怀疑、议论国家的政令，有损国家的权威，从而使得政令不能顺利施行，进而扰乱社会秩序。防备人民造反当然也是秦朝律法的一个重要目的，但远远不是全部。
　　② 诛戮（zhūlù）：杀害。

豕（shǐ）①，然后才便于管理，所以他要用这种严峻的刑罚，来禁止人民的需求知识。

这时封建制度已废除了，兵器也销毁了，书籍也焚烧了，始皇料想防止国内的变乱，已是周全，只有北方的匈奴，是外患的隐忧，于是筑起万里长城，以防御匈奴，命了蒙恬带兵三十万固守②长城。

始皇自以为国中的内忧外患上都防备得周密，千万世子孙的帝业，也大概巩（gǒng）固了。便想到贵为天子，自当享受一世的繁华，于是大起宫殿，筑阿房宫（Ēpáng Gōng），这宫的面积有三百余里，内中的层楼叠阁③，连属（zhǔ）④相望，把从六国取来的歌姬舞女、珍奇宝贝尽放在阿房宫内，自己随意游幸，真是天下的繁华富丽，都被始皇一人享尽了。

始皇既然心满意足，但是还有罣（guà）⑤虑的地方，就是人生寿命，至多不过百年，这种繁华富贵，

---

① 蠢如鹿豕（shǐ）：笨得像鹿和猪一样。豕，猪。
② 固守：坚决守卫。
③ 层楼叠阁：形容楼阁很多。
④ 连属（zhǔ）：连接。
⑤ 罣（guà）：同"挂"，意思是牵挂。

只能供暂时的游乐。怎样能得长生之术，方可久享富贵呢？于是就有一班方术之士，迎合着始皇的意思，接踵（zhǒng）而来①。

齐国人徐巿（fú）自称为道士②，上书始皇，说道："海中有三个神山：一是蓬莱，一是方丈，一是瀛（yíng）洲，这三个神山上，都住满了仙人。臣愿替皇帝入海求仙，求得长生的方法。但要先期斋（zhāi）戒③，还要带了童男女④数千人，一同前往，并预备许多供给的食用。"始皇听了大喜，即命人至民间募（mù）集⑤童男女数千，并备好食用供给，命徐巿入海求仙。那徐巿走到海中，寻得一个海岛，就在岛上和那些童男女一齐住下，便做了那殖民地的一个领袖，享受安乐。只亏得⑥始皇日夜望仙人降临，连信息都没有一个回了。

---

① 接踵（zhǒng）而来：形容人们接连不断而来。接踵，后面的人的脚尖接着前面的人的脚后跟。
② 道教产生于东汉，徐巿并非道士，而是方士。
③ 斋（zhāi）戒：为表示虔诚，沐浴更衣，戒除嗜欲，如不喝酒、不吃荤等。
④ 童男女：未成年的男女。
⑤ 募（mù）集：广泛征集。
⑥ 亏得：反说，表示讽刺。

遣使求仙 彩绘帝鉴图说 明 佚名 法国国家图书馆藏

仙女图 元 佚名 台北「故宫博物院」藏

又有卢生也自称道士，求见始皇，说道："我愿替皇帝入深山去见仙人求不死的药。"始皇大喜，又命了卢生去求不死的药。没有好久，卢生回来了。始皇问："求得了不死的药吗？"卢生回道："臣在深山，得仙人指引，取得一些奇芝异草，食了可以长生，但是常被一些妖物劫夺去了，不能带得回来，臣乃请求仙人亲来皇帝的宫中，赐给皇帝以不死的药，仙人念皇帝的诚恳，已经允许。但是仙人降临宫中，须得皇帝亲往各处道路，驱除一些恶鬼，又仙人最爱闲静，宫中须得禁止外人，皇帝能安静守候，仙人自然降临，不死的药，方可得到。"始皇信以为真，就命人于阿房宫内，将二百多个离宫别馆①，尽筑了复道②，可以相通，自己每夜巡行道中，以驱除一些恶鬼，并且命令奏事的人，不许跑到宫中。

始皇等了许久，不见仙人降临，一天，始皇召了卢生进宫，待问仙人的消息，谁知卢生竟逃得不知去向了。

---

① 离宫别馆：正宫之外供皇帝居住的宫室。
② 复道：高楼间架空的通道。上下有道，故称复道。

始皇受了几次的骗，大为懊（ào）丧，然而盼望神仙的心思，毕竟不死。后来始皇出游，行至沙丘地方，死于道中，死时年才五十岁，所谓人生百年的寿，还只得到一半①。

① 其实古人的平均寿命较短，大概不到四十岁，秦始皇活到五十岁，比起很多帝王还是更长寿一些的。

秦始皇去世后不到一年，陈胜等人就在大泽乡发动反秦起义。仅过了三年时间，秦朝就灭亡了。秦朝的灭亡往往被归咎于"暴政"，如严刑峻法、滥用民力。需要注意的是，秦朝在这么短的时间内就灭亡了，说明秦的政策还没来得及发生太大变化，不像后来很多延续上百年的朝代，弊病产生的效果往往不断叠加，政治黑暗、官员腐败的现象十分严重。可以说，秦的政策还没有足够的时间来变"坏"。秦朝灭亡并非是因为它的政策变了，恰恰是因为统一后的秦朝大量承袭了先前秦国的做法，不仅没有变化，反而加强了一些政策，将其从原来秦国的土地推广到六国。秦政暴虐是六国人的感受，六国人并不适应秦地的治理方式。加上秦朝大建工程，筑长城、修直道、造宫殿、起陵墓，深深地加重了人民的困苦，而这些，与其说是秦朝政府不懂得体恤人民，不如说秦有意如此。秦的统治者认为这样的治理方式有利于维持大一统的局面。在后人看来，

秦的统治思路是有很大问题的。不过我们也需要知道，秦的统治是中国历史上第一次治理大一统国家的政治实践，正是秦为后来的汉朝提供了丰富的经验教训，才使得大一统的局面得以稳定下来。

刘邦的斩蛇起义

刘邦是生在秦朝时的沛郡（今江苏沛县），家里贫穷，自己又没有学习工商的职业，便在乡里中供吏役的奔走，后来补得一个泗（sì）水亭长，这亭长的职务，便是掌管逐捕盗贼的。他虽然没有大学问，然而他的器度很大，志气很高；他异常好酒好色，没钱沽（gū）酒①，便去酒店中赊（shē）贷，有了钱时，常加倍还给，用钱如挥土一般，不作丝毫穷措大②寒酸的气态。一次，他因着公务，到了长安，遇着秦始皇出游，见了皇帝的仪从，声势煊（xuān）赫③，他叹息说道："大丈夫不当是这样吗？"

单父（Shànfǔ）人吕公和沛令（即县官）是很好

---

① 沽（gū）酒：买酒。
② 穷措大：贫寒失意的读书人。
③ 声势煊（xuān）赫：形容声名盛大，气势逼人。

的朋友，因避仇人从单父迁居到沛郡，沛中的豪吏听得是沛令的重客，便都醵（jù）钱①往贺。萧何时为沛吏，代理吕公主办一切受贺的事宜。当开筵（yán）受贺的时候，萧何令诸贺客道："贺钱不满一千的，请坐在堂下。"刘邦是素来心里轻视沛中诸吏的，这次随着诸吏来贺，便写了一个贺帖说他的贺钱是一万，其实他并没持一钱，吕公见了他贺帖，便大惊异，忙出门迎接。吕公本是善相人之术的，及见刘邦的状貌，大为敬重，就引入尊他上坐，刘邦也毫不谦逊地上坐了。筵宴毕后，吕公独留着刘邦，对他说道："我少年时候，就喜研相人之术，相人很多，都不及你的相貌。望你自己爱惜，不要自弃了。我有一女，愿给你做一个执箕帚（zhǒu）②的妻妾。"刘邦去后，吕公的妻子吕媪（ǎo）埋怨吕公道："你常以此女有贵相，当配贵人，怎么妄自许与刘邦呢？"吕公回说："这不是你女子们所知道的。"于是刘邦娶了吕公的女儿为妻子。

　　秦始皇是最爱建筑的，他在活着时，便于骊山

---

① 醵（jù）钱：凑钱。
② 箕帚（zhǒu）：家中扫除尘土的用具。

云起楼图（局部）北宋 米芾 美国弗利尔美术馆藏

（在陕西临潼）建筑他的坟墓，工程浩大，令国中各郡县选了徒役送至骊山，可怜一班农民，要抛弃他们家中的父母妻子和田中的工作，来做这种苦工。沛县不是例外，自然也要选送徒役的。于是由沛令强迫选了农民数百人，命了刘邦护送至骊山。

刘邦是生性好酒的，他护送徒役到骊山去，在路中常是喝得大醉，那些徒役便乘机逃走，所以走不多远，已逃亡了一半。刘邦心里想着，若是到得骊山时，岂不要逃亡尽净吗？秦朝的法令最严，这是要处死刑的。于是走到丰县，刘邦便令停止前行，买了许多酒肉，和一些徒役痛饮，到了夜间，将一些徒役尽行解放，并对他们说道："你们都去，我也从此逃亡了。"那些徒役听得，异常感激，当时有十几个壮士，愿跟着刘邦一同逃亡。刘邦便和那十几个壮士乘着夜间取一条小路逃走，令一人先行引路。那先行的人，忽然回报说道："前面有一条大蛇，拦住道路。"刘邦这时还带着几分酒气，听了说道："壮士行路，还怕什么！"便自己冲向前面，拔出佩剑，将那大蛇斩成两段，复前行数里，便在路中醉卧了。

据当时传说，有一个丰县人，于刘邦斩蛇后，也从那地经过，见一老妪（yù）①正在哭得很伤心，那人问她为什么哭？老妪回说："我的儿子被人杀了！"那人又问道："你的儿子为什么被人杀了呢？"老妪说："我的儿子是白帝子，化为蛇拦住道路，今被赤帝子斩杀了。"那人听了，很是惊异，以为见鬼，便要去打那老妪，那老妪忽然不见了。那人越加惊恐，急往前行，恰遇着刘邦从醉卧醒来，便将此怪异告知刘邦，刘邦听了，心里很喜欢，便自负不凡②了。

刘邦从此不能归家，便和那些壮士，一同隐藏在临淮、砀（dàng）山一带的山谷中。他的妻子常来和他相会，每次很容易寻得。刘邦问他的妻子道："你怎么知道我的住处，这般容易寻得呢？"妻子回说："你所居的地方，上面常有云气，我只按着云气的方向，便可以寻得你。"刘邦听了，更自喜欢。由是沛中子弟都以为刘邦不凡，渐渐地来归附了。

秦始皇死了，二世皇帝即位，人民受着秦朝苛政③的痛苦，已是不堪了。陈胜、吴广乘着这机会，

---

① 老妪（yù）：年老的妇女。
② 自负不凡：自以为了不起，不平凡。同"自命不凡"。
③ 苛政：指残酷压迫、剥削人民的政治。

给孩子的中国历史故事 2

便在蕲（qí）县发难，斩了木头做刀剑，揭起竹竿做旗帜，一时人民附和，杀了郡县的官吏，据了城池，起兵反抗秦朝，于是到处响应，天下骚动，豪杰蜂起[1]。毕竟把秦朝的帝业推翻了。

　　沛郡受了这种影响，人民自然是蠢蠢欲动[2]，谣言蜂起了。沛令异常恐惧，便想自动背叛秦朝，响应陈胜，以保全自己的性命。这时萧何、曹参都在沛郡为吏，对沛令说道："君是秦朝的官吏，今要响应陈胜，恐怕沛县子弟不能听从君的命令。不如召集逃亡在外的数百人，来沛做保护，那就沛中子弟不敢不听从君的命令了。"便命了樊哙（kuài）去召刘邦回沛。

　　这时刘邦已集合数百人了，便和樊哙一同来沛。沛令见刘邦领带多人来沛，心恐有变，便闭城坚守，拒绝刘邦入城，并想诛杀萧何、曹参。萧何、曹参忙逃出城外，投入刘邦一伙了。刘邦于是写了一封信，用箭射入城去，告沛中父老道："各方义兵四起，今父老们要替沛令守城，若是外兵到来，沛郡要受屠城之惨。不如杀了沛令，选立有才能的，以响应义兵，

---

① 蜂起：像蜂飞一样成群地起来。
② 蠢蠢欲动：准备扰动为乱。

才免得身家之祸。"沛中父老都以为然，便率领子弟把沛令杀了，开城迎接刘邦，欲立刘邦为主。刘邦再三辞让，但是众人都不敢当这祸首，共立刘邦为主，称为沛公。

这时同起兵的很多，项梁起兵吴地，势力较大，沛公和项梁联合，共立楚怀王的孙心为楚王，以号召天下。后来项梁死，项羽继着项梁的基业，仍和沛公共尊楚怀王，同心协力去攻打秦朝。

怀王和诸将约道："能先攻入长安①的，就得王其地。"于是沛公和项羽都出兵去打秦朝。项羽的兵力很强，和秦朝的大兵相遇，屡次打破了秦兵，秦朝的大将都投降归服项羽了。沛公出兵径往西行，凡攻破的地方，不加屠杀，只令归降，因此沛公所到之处，都闻风投服，一路乘胜而来，大破秦兵，沛公就先攻入长安了。

这时秦二世皇帝已被赵高所杀，立子婴为帝，子婴捧着皇帝的玺（xǐ）印，降立道旁，沛公收了玺印，也不加害，还将秦朝的重宝财物，尽封藏于府库中，

---

① 秦代并无长安的地名，秦朝都城在后来长安城以北的咸阳。

上皇不樂居關中詔從豐
沛築新豐通閣帶閣閱九
市簇旂亭凡五重貨別隧
分庶且富甲第連雲車馬
湊沽酒屠兔煮餅商一物
色咁惟舊老多初來似久
居雜鳴于姝犬守閣統紀
遝三輔尉市致無須周
大胥鈞陳之外接閣道穹
隆當命殿东巧袴詰天泉
戶對開憑軒下視凌空鳥
古來都會稱長安誰歐營
者匹胡寛余荒土基雖
覓還留圖畫人閒看
御製題新豐圖詩
敕敬書

庆丰图 清唐岱、孙祜等 台北『故宫博物院』藏自己退出长安，驻军霸上。百姓因沛公秋毫无犯①，都感激他的德，恳切地留他为秦王。

项羽听得沛公已先入了长安，便大发怒，急引兵向长安来攻打沛公。这时项羽兵号百万，沛公兵号二十万，沛公的力实不能敌，于是使了张良去求项军的项伯援救②。项伯乃对项羽说道："沛公不先破了长安，公岂得这样容易入关呢？今人有大功，反要攻打他，这是不对的。"项羽听了项伯的话，才停止进攻，沛公又亲自率领百余骑③，来见项羽，自请谢罪，并对项羽说道："我入了长安以后，把秦朝的宝物封藏，为的是防备他人入关，特在此守候将军哩。"项羽听了，才消了怒气。于是项羽入了长安，把秦朝的宫室，尽行烧毁，火三月不熄，所过的地方，都成残破，一些百姓，大为失望了。

项羽没得先入长安，就怨恨怀王和诸将订立先

给孩子的中国历史故事②

---

① 秋毫无犯：形容军队纪律严明，丝毫不侵犯百姓的利益。
② 史书记载中并非刘邦直接派张良向项伯求援，而是项羽决定要攻打刘邦，项伯因与张良有很深的友谊，张良当时在刘邦营中，项伯就自己连忙赶到刘邦军中通知张良，让张良赶紧逃走。张良并未逃走，而是把情况告诉了刘邦，刘邦便让张良请求项伯在项羽面前为自己开脱，从而避免了被项羽进攻。
③ 骑：骑兵，也泛指骑马的人。

入为王的约，乃说道："怀王是我家项梁所立的，并没有功劳，怎能和诸将订约呢？"于是假尊怀王为义帝，实在是不听他的命令了，自立为西楚霸王，定都彭城（今徐州）。封沛公为汉王，都南郑（今陕西汉中地）。把长安关中之地，分封三个秦朝的降将，还把当时起兵的都封为王。项羽的势力很强，一般诸侯都不敢不唯唯听命[1]。后来把义帝迁到长沙郴（chēn）县，旋[2]又使人把义帝杀了。

沛公受了项羽的支配，只得到南郑就汉王位，但是军吏士卒多山东[3]人，日夜思东归，所以郁郁不乐[4]。汉王听得项羽杀了义帝，就替义帝发丧[5]，召集诸侯的兵，去讨伐项羽，被项羽打得大败，这时沛公的父亲太公和妻子吕后都在沛，也被项羽的兵掳去了。

汉王从此不和项羽挑战，只使了诸侯去挑击楚兵，又用了韩信为大将，攻取了许多的土地，自己的实力

---

[1] 唯唯听命：恭顺地听从命令。

[2] 旋：不久。

[3] 古代称崤山以东的区域为山东，崤山在今河南省与陕西省交界处，基本上今河南省、山西省还有以东的地方，都可以叫作山东，比现在的山东省要大得多。刘邦是今天江苏徐州人，他的部下大多是江苏、安徽、河南、山东几省交界处的人，在当时属于山东人。

[4] 郁郁不乐：形容心里发愁、苦闷，少有欢乐。

[5] 发丧：公布讣告，办理丧事。

日渐充足，然后多发兵去牵制项羽。项羽的智谋不及汉王，纵令兵力强盛，已累得疲乏不堪了。项羽性急起来，见汉王不肯出战，便要将太公和吕后烹了①，以激怒汉王。汉王使人对项羽说道："我和你同事义帝，分②属兄弟，我的父亲也就是你的父亲了，你如果要烹父亲，请你分给我一杯羹。"项羽想来，烹了太公，也是于事无益，便和汉王讲和，以鸿沟为界，鸿沟以西归汉，鸿沟以东归楚。汉王许诺，于是项羽将太公和吕后都送还汉王，汉军中都呼万岁。

项羽生性刚强，人多不服，诸侯多叛楚归汉，后来汉王合了诸侯兵，攻羽于垓（gāi）下，项羽兵少食尽，汉兵重重围住。夜间，汉军四面都是楚歌，项羽听得大惊道："不是汉兵尽得了楚地吗？怎么楚人这样多呢？"当即起来饮酒，项羽的侍姬虞美人和一匹骏马名骓（zhuī）是常跟随项羽的，项羽便悲歌慷慨地自己做了一首诗道："力拔山兮气盖世，时不利兮骓不逝；骓不逝兮可奈何！虞兮虞兮奈若何！"项羽歌了几遍，虞美人也依韵唱和，唱毕，项羽不由

---

① 史书中并未记载项羽要烹吕后，而是只有刘邦的父亲刘太公。
② 分：名分。刘邦和项羽此前曾结拜为兄弟。

仕女图 清 焦秉贞 私人藏

仿阿房宫山水 清 袁耀 广州艺术博物院藏

得洒了几点英雄泪，左右的人听得这样悲切，都哭得不敢抬头了。于是几次冲出重围，杀了汉军许多将士，只因汉兵太多，毕竟不能冲出，被汉兵杀死了[①]。

汉王既破灭了项羽，诸侯归服，便统一了中国，于是建都长安，自立为皇帝，国号叫汉，称为汉高祖。中国从平民起来做天子的要算刘邦是第一个。

[①] 据《史记·项羽本纪》中记载，项羽至乌江自刎而死。

今人多认为项羽为英雄，刘邦是小人。不过，在古人评价历代帝王时，有不少人，尤其是那些自己就是帝王的人，对刘邦评价很高。例如陈寿在《三国志·先主传》中这样评论刘备："先主之弘毅宽厚，知人待士，盖有高祖之风，英雄之器焉。"这里陈寿称赞刘备，将其与汉高祖刘邦相比。十六国时，后赵皇帝石勒曾说："朕若逢高皇，当北面而事之，与韩彭竞鞭而争先耳。脱遇光武，当并驱于中原，未知鹿死谁手。大丈夫行事当礌礌落落，如日月皎然，终不能如曹孟德、司马仲达父子，欺他孤儿寡妇，狐媚以取天下也。"刘邦之所以得到如此高的评价，并非因为他爱学下士、谋深智广、勇武善战，相反刘邦在这些方面都并不突出，甚至有可能做得很不好。刘邦最大的优点，是能够听取别人的批评与建议。即使是他很不喜欢的儒生提出的建议，只要他认为有道理，就立即能恭恭敬敬地采纳，因此很多贤能大才都为他所用。

历史原典研读

《史记·郦生陆贾列传》

沛公至高阳传（zhuàn）①舍，使人召郦生。郦生至，入谒②，沛公方倨③床使两女子洗足，而见郦生。郦生入，则长揖④不拜，曰："足下欲助秦攻诸侯乎？且欲率诸侯破秦也？"沛公骂曰："竖儒！夫天下同苦⑤秦久矣，故诸侯相率而攻秦，何

---

① 传：驿舍；客站。
② 谒：拜见。
③ 倨：同"踞"，伸开脚坐着。
④ 揖：拱手行礼。
⑤ 苦：苦于；为……所苦。

谓助秦攻诸侯乎?"郦生曰:"必聚徒合义兵诛无道秦,不宜倨①见长者。"于是沛公辍洗,起摄衣,延郦生上坐,谢之。郦生因言六国从横时。沛公喜,赐郦生食,问曰:"计将安出?"郦生曰:"足下起纠合之众,收散乱之兵,不满万人,欲以径入强秦,此所谓探虎口者也。夫陈留,天下之冲②,四通五达之郊也,今其城又多积粟③(sù)。臣善④其令,请得使之,令下足下。即不听,足下举兵攻之,臣为内应。"于是遣郦生行,沛公引兵随之,遂下陈留。号郦食其为广野君。

---

① 倨:傲慢。
② 冲:要地,要冲。
③ 粟:粮食。
④ 善:熟悉。

叔孙通的奏定朝仪

秦朝虽然焚书坑儒，其实儒学并没有绝灭，就是在秦朝也设有博士官，补用文学之士，不过对于民间，却很严厉地禁止，这是秦始皇防备人民造反的一种愚民政策。当时一般儒士，也知道是一时的政策，将来必有复兴的一日。等到始皇死后，天下纷乱，随即变成刘项的战争。这时虽然废除了人民读书的禁令①，但是当着兵连祸结，哪个能注意儒学呢？直到汉高祖成了帝业，儒学才有了复兴的机会。

叔孙通本是秦朝的儒士，他很能通权达变②，迎合着时代的潮流，等到汉高祖成了帝业，便担当儒学

---

① 从出土的法律来看，西汉初年并未废除秦朝禁止人民藏书与学习诸子百家的律法，不过学者们一般认为律法虽然没有被废除，但西汉政府在执行这些律法时要比秦朝宽松得多，人们实际上有了更多的机会学习律法以外的知识。

② 通权达变：适应客观情况需要，随机应变。

给孩子的中国历史故事 2

复兴的责任，制定汉朝一代的礼仪，成了汉朝的大儒。他在秦朝时，初以文学被召为博士；这时的博士，并没有建议的权力，不过备朝中的访问①罢了。

秦始皇死了，二世即位，陈胜起兵山东，二世听得，便召了一班博士问道："陈胜在山东作乱，你们的意思，应当怎样办呢？"一班博士都回说道："做臣子的人，不得乱动，乱动就是反叛了，罪当死无赦（shè），请急发兵去讨伐。"二世听了，现出发怒的颜色。叔孙通前进说道："他们所说的都错了，方今天下一家，毁灭了郡县的城池，销毁了人家的兵器，表示不再用武了；况且在上有聪明的君主，在下有严密的法令，人民个个守法，哪里有反叛的事呢？这陈胜不过是鼠窃狗盗②之辈，郡县的官吏自会把他捕获论罪，何必要兴师动众，小题大做呢？"二世听了，方才转怒为喜。二世还问了许多朝臣，朝臣中仍有说是反叛的，有说是寇盗的。后来二世把说是反叛的下在狱中，说是寇盗的尽行革职。只于叔孙通赏给帛二十匹，衣服一套。

① 访问：咨询。
② 鼠窃狗盗：像老鼠和狗那样偷盗，指小偷小盗。

叔孙通自宫廷中出来，回到家里，叔孙通的弟子们问道："先生怎么要阿谀（ēyú）①取赏呢？"叔孙通回说："你们何曾知道，我几乎不得脱离虎口，要图免祸啊。"于是叔孙通知道秦朝将要亡了，就弃职逃亡，投到项梁处，项梁死后，又随着项羽。后来才投降汉王。

叔孙通到了汉王处，仍是穿着儒士的衣服，宽袍大袖；汉王正当征战的时候，见了这种儒服，心里异常厌恶。叔孙通知道了汉王的意思，便改着戎装②短服，汉王大喜。

当叔孙通投降汉王的时候，他的弟子百余人，随着同来，但是他对汉王从没荐举③一个，却荐举一些豪强武士，他的弟子们私骂道："我们跟了先生数年，幸得从归汉王，今先生不能荐举我们，反荐举一些豪强。"叔孙通听得了，对弟子们说道："你们太不识时务了，今汉王正当征战争天下的时候，你们能从事战斗吗？我所荐举的，尽是一些战斗之士。你们且

---

① 阿谀（ēyú）：迎合别人的意思，说好听的话（含有贬义）。
② 戎装：军装。
③ 荐举：推荐。

慢慢地等待，我自不忘你们的。"

后来汉高祖成就了帝业，一些功臣，尽是起自田间，村野匹夫①，哪里知道什么朝廷的礼节，当在朝中，饮酒争功，酒醉了的时候，就要歌唱喧闹，甚至拔出剑来砍殿柱子，闹得乌烟瘴（zhàng）气②，全没有朝廷的体统。高祖也没法禁止，但是心里却很厌恶。

叔孙通对汉高祖说道："征战的时候，是用不着儒家的；如今帝业已成，要守住帝业，就非用儒者不可了。臣请召集诸儒生，共同把朝中的礼仪，从新③制定。"高祖问道："那是很难的事吗？"叔孙通回说："历朝的礼乐，都是按着当时的情形，有所增减的。臣请采用古礼和秦朝的仪节，制为朝仪，务使便于当今的情状。"高祖说："你且去试办，但是不要弄得太烦琐，须选了我所能行的。"

于是叔孙通召集了鲁国的儒生三十人和他的弟子百余人，共制定朝仪，又在野外假设朝廷的方位，实

---

① 村野匹夫：指没有学识、地位的人。
② 乌烟瘴（zhàng）气：形容环境嘈杂、秩序混乱。
③ 从新：重新。

行演习。过了月余，演得纯熟了，就请了高祖来观礼，高祖看了，说道："这个我能行得。"便命了一些朝臣，都来练习。

这时高祖建筑长乐宫，恰好成功，诸侯群臣都来朝贺，便把叔孙通制定的朝仪实行起来。

在那绝早天还没亮的时候，由谒（yè）者（司礼的官）引着诸侯群臣，按照官爵（jué）的尊卑，挨次入了殿门；廷中陈列车骑步兵，张设许多旗帜，警卫森严，静悄悄的鸦雀无声①。诸侯群臣到了廷中，便由谒者传声道："趋！"于是入朝的都快步向前疾行，走到殿下，方才停止。殿下的两旁，有东西两阶，每阶都有持戟（jǐ）的武士数百人，相对立着。诸侯群臣到了殿下，便按着文武官职分立两旁：功臣诸侯将军以及军官，都站在西方，面向东立着；文官自丞相以下，都站在东方，面向西立着。这些朝臣这样地静立了许久，于是皇帝乘着龙凤的辇（niǎn）车从宫中出来，有左右侍臣数百人捧着各种应用的物色，口里一面呼喝，拥簇（cù）着皇帝的龙辇升到殿

① 鸦雀无声：形容非常安静。

汉高祀鲁（局部）孔子圣迹图 清 改琦 私人藏

上。然后由司礼官引了诸侯群臣挨次地上殿奉贺，贺礼毕，皇帝命赐给群臣饮宴，便设宴于殿上，朝臣依次侍坐于两旁，个个恭谨严肃，不敢抬起头来。筵宴开了，又由朝臣中依着官职的尊卑，挨次向皇帝奉觞（shāng）上寿[①]，等到奉觞过了九次，便由司礼官唱道："罢酒！"于是一齐撤宴，诸侯群臣依次退出。还设了御史官司纠察的职务，有不合礼仪的，便令退出。所以这次朝贺，自入朝以至撤宴，那些诸侯群臣没一个敢喧哗失礼的。汉高祖大为喜欢，并且叹道："我今天才晓得做皇帝的尊贵了。"

叔孙通自定了朝仪以后，大为汉高祖所器重，拜叔孙通为太常，赐金五百斤。叔孙通因对高祖说道："臣的弟子们和诸儒生，随臣很久，这次共定朝仪，请加以官职。"于是高祖尽用为郎。叔孙通还将所赐金五百斤，尽赐给弟子们。弟子都欢喜说道："先生真是圣人，知道当世的要务哩。"后来叔孙通又将宗庙仪法及一切仪法，都加以论著，成为汉朝一代的儒宗。

---

① 奉觞（shāng）上寿：举杯敬酒，献上祝寿的话语。奉，双手捧着献送。觞，酒杯。

刘邦当了皇帝以后，追随他的人成了诸侯大臣。他们多数出身于下层平民，史称"布衣将相"。这些人中的大多数并不懂得大国的礼仪制度，也没有要学习的意识。在叔孙通等人的劝谏、帮助下，刘邦君臣才开始慢慢转变思路，开始建立礼仪制度。

当时还有一个儒生叫陆贾，他说服刘邦转变了治理国家的观念。陆贾经常劝谏刘邦要用儒术治天下。刘邦向来厌恶儒生和儒术，就说："我的天下是马上得来的，和儒术有什么关系？"陆贾也不示弱，说道："天下可以马上打来，怎么能在马上治理？"于是刘邦认识到自己的不足，虚心向陆贾请教。刘邦"马上得天下"靠的是承袭商鞅以来秦的政治、社会、军事制度。然而，商鞅主张的严刑峻法、赏罚分明是为秦国兼并六国服务的。秦始皇统一后没有转变治理思路，仍然按照旧的办法约束人民，导致人民纷纷起来反抗。陆贾就是在提醒刘邦，战争时期可以用类似于商鞅的制度治理国家，而和平时期就必须改变思路，要让人民过上安居乐业的日子。在叔孙通、陆贾等人的帮助下，刘邦学习如何治理国家，有了较为系统的治国理念，西汉的政治逐渐走上正轨。

故事十四

汉与匈奴的和亲

匈奴是古代北狄的一种，占据了内外蒙古的地方，人民的风俗习惯，完全和中国不同。他们因为地方多沙漠，既没有田地可种，也不做工，也不经商，专做畜牧的事业，所畜的兽，为马、牛、羊、骆驼等，食的是兽肉，穿的是兽皮[①]，完全靠着畜牧为生活。他们的住所，也没有一定，只要选择有水草的地方，能够养活他们的兽类，便在此住下，等到草吃光了，又另选择过一处。

他们除养家畜以外，还要猎取野兽，所以当儿童的时候，就练习弓箭，骑着羊出外去射鸟鼠，到了年龄稍大，就去射猎狐兔。个个身体强壮，都是国家的健儿，一旦国家有事，都可以拿了刀矛弓箭，齐赴前

---

① 这里用的"兽"字跟我们现在一般的理解有所不同，这里的"兽"还包含了牛羊马等畜养的牲畜，而我们现在说到"兽"，一般不包括人工畜养的动物。

敌。他们习惯了和兽类斗争，便把这战争也不当作一回什么事。

他们羡慕着中国服食器用的文明，就逞着野性常来中国境内夺取。自周朝以来，几次侵入中国的境内，闹出大乱子，杀周幽王的犬戎，便是匈奴中的一种 [1]。但是他们的意志，不是侵略土地，是在抢劫东西，只要掳掠（lüè）得饱了，便呼啸地去了。到秦始皇时为着防备匈奴，筑起万里长城，还使了蒙恬将兵数十万去防御，匈奴才不敢和中国为敌。后来秦朝亡了，撤退了防御的兵，匈奴依然要侵犯中国的边境了。

当汉高祖时，匈奴的势力还小，最强大的是匈奴东方的东胡和西方的月氏（zhī），匈奴也常要受这两大国的欺凌。而在这时，匈奴出了一个英明的君主，名叫冒顿（Mò Dú），灭了东胡，打破了月氏，成为强大的匈奴，于是汉朝从此多事了。

匈奴的君主，叫作单（chán）于。冒顿本是单于

---

[1] 犬戎是另一种古代少数民族，但很可能不是游牧民族，与匈奴差别很大。

番部雪围图（局部）五代 胡虔 美国弗利尔美术馆藏

头曼的太子，后来头曼的爱妾，又生了一个少子①，头曼的意思，想废掉冒顿的太子，立少子为太子。于是使了冒顿到月氏国做两国讲和的抵（dǐ）押品，而头曼又发兵去打月氏，月氏便要杀冒顿。冒顿偷了月氏国的一匹骏马骑着，飞奔地逃回匈奴来了。头曼以为冒顿很勇敢，大加称赏，便命他为将，统带着许多兵马。

冒顿既然为将，便每日带领兵士，练习骑射，自己造了一种响箭，命令兵士们道："我的响箭射到某处，你们应跟着一齐发射，违令的斩头。"由是在野外猎取野兽，及无论什么时候，都照着这命令行事，有几次兵士违了命令的，都立即斩首示众了。一次，他对着他的骏马，射了一响箭，兵士们却有些不敢跟着发射的，他立即把不发射的都斩了头。后来他又对着他所最宠幸的爱妾，射一响箭，兵士们又有不敢发射的，他也把他们都斩了头。不久，他带着兵士出猎，遇着单于头曼的一匹骏马，他对着这马射一响箭，兵士们一齐跟着发射，没有一个敢违令的。于是他知道

---

① 少子：年幼的儿子。

他的兵士可用了。后来他跟着他的父亲单于头曼出猎，他对着头曼射了一响箭，兵士们也一齐跟着发射，便射死了头曼，还将他的后母和少弟都一概杀了，于是自立为单于。

东胡的君主听得冒顿杀父自立，便使了人来对冒顿说道："从前头曼有一匹千里马，请你送给我。"冒顿便把这事对群臣商议，群臣都说道："这是匈奴中的宝马，不能送给人的。"冒顿说道："怎么不顾及邻国的交谊，而爱惜一匹马呢？"就将这千里马送给了东胡。东胡以为冒顿怯（qiè）弱，又使人对冒顿说道："请在单于的妻妾中，选一个美好的送给我。"冒顿又把这事和群臣商议，群臣都说道："东胡无理已极，请即发兵去攻打东胡。"冒顿说："怎么不顾邻国的交谊，而爱惜一女子呢？"就将他所最爱的美妾送给东胡。东胡由此更加骄傲。匈奴和东胡的交界处，有荒地千余里，为人迹所不到之处，东胡使人来对冒顿说道："我国和贵国交界处的荒地，贵国从没派人管理，请让给我吧。"冒顿把这事和群臣商议，群臣中有的说道："这是荒废之地，可以让给他。"冒顿却大怒道："土地是立国的要素，怎么能

让给别人呢？"便把言让给土地的群臣都杀了，即刻兴动全国的兵，自己率领，漏夜①出发，向东胡袭击。东胡是素来轻视匈奴的，没有一点防备，冒顿的兵一到，把东胡的兵，打得大败，将东胡王杀了，还将东胡的民众的畜产都掳了回来。冒顿又发兵打破了月氏，尽恢复了从前秦朝蒙恬所侵夺匈奴的土地，于是匈奴的国势强大，各种胡族都来归附，对汉朝就不断地侵略了。

冒顿率兵侵入中国的河北山西一带，势甚凶恶，人民大受他的蹂躏（róulìn）②。汉朝复兴封建，封韩王信于代县。冒顿攻破了代县，韩王就降了匈奴。于是冒顿更进攻太原，到了阳下，深入中国的内地。汉高祖只得亲自率兵出击，这时正当冬季，大雪严寒，士兵的指头多有因冻僵而脱掉的。冒顿遇着汉兵，假装败走，汉兵乘胜穷追，冒顿又把他的精兵隐藏着，汉兵望着尽是老弱残兵，益发穷追不舍③。汉高祖到了平城（在山西大同），冒顿出精兵三十余万，把汉

---

① 漏夜：深夜。
② 蹂躏（róulìn）：践踏，比喻用暴力欺压。
③ 穷追不舍：追赶到底，不放过。

高祖围困于白登（离平城十余里），很是危急。汉朝的臣子，不能发兵相救，乃用了陈平的计策，使人绘了中国美女的图形，送给匈奴的阏氏（Yānzhī，匈奴称皇后为阏氏），并且说道："汉朝将以此美女，和冒顿讲和。"还送给阏氏许多的宝物。于是阏氏恐怕汉朝进了美女，夺了她的宠爱，就对冒顿说道："得了汉朝的土地，匈奴是不能守的。并且汉朝皇帝是天神，不宜围困他。"冒顿信了阏氏的话，开围一角，汉高祖被围已七日，才得由开角冲杀出来。于是两方都罢兵回去。

从此冒顿拥着几十万大兵，称雄北方，出入中国的边境，更没有忌惮（dàn）了。汉高祖自受了平城的围困，哪里还敢出兵，为了这事心里很忧闷，便和臣子刘敬商量应付的计策。刘敬说道："今天下刚才安定，士兵已疲敝（bì）极了，若再要用武力去平定匈奴，那是不行的。冒顿杀父自立，占了父亲的妻子做自己的妻子。说他以仁义，也是不行的。臣有一计，使匈奴子孙永远臣服汉朝，但恐陛下不能行呢。"高祖说："只要能有益国家，为什么不能行呢？"刘敬说："陛下若能以亲生的公主，嫁单于为妻，匈

奴以为尊贵，又贪图汉家的重币①，必然尊为阏氏，将来生子，必为太子。冒顿在，则为子婿，冒顿死，则外孙为单于，岂有外孙反抗外祖的吗？这是不用兵力使匈奴臣服的妙计。"

高祖听了刘敬的计策，很加称赞，便要把他亲生的女儿长公主嫁冒顿为妻。吕后听得要把她的女儿嫁给匈奴，很是伤心，便日夜哭泣，说道："我所生的，只有一子一女，怎么忍心舍弃到匈奴呢？"吕后和高祖是同自微贱出身的，高祖常加以敬爱，所以不能相强，只得取了家人的女儿，名为长公主，使人往匈奴订结婚约。高祖派了刘敬送长公主至匈奴。冒顿得了汉朝的公主为妻，果然很欢喜，汉朝又不时使人送给币帛食物，由是两家很亲密，冒顿也尊汉朝为丈人了，汉朝的边境，借此暂得安宁。

后来高祖的儿子文帝也用这和亲的方法，去羁縻（jīmí）②匈奴，将汉朝宗室的女儿，又嫁给冒顿的儿子稽粥（Jīyù）单于为妻，并且约为兄弟，送给许

---

① 重币：厚重的礼物。
② 羁縻（jīmí）：笼络，特别用于中国古代王朝控制周边少数民族部落及藩属政权。

多的珍贵物品，边境也得着安宁。

到了高祖的曾孙武帝时候，他便和匈奴断绝和亲，派兵征伐，屡次大败匈奴，把河套和甘肃一带都夺过来了。从此以后，匈奴势力日衰，内乱时起，不到几十年，单于竟归降汉朝了。

匈奴是历史上诸多建立政权并与中原王朝对峙（zhì）的少数民族中，第一个真正意义上的游牧民族。（先前使西周灭亡的戎人、春秋时期活跃于北方的翟人，都不能算得上是游牧民族。）匈奴等雄踞于北方草原的庞大政权，一方面确实对长城以南的中原王朝造成了巨大威胁，另一方面也为中华文明的发展提供了更多的可能性。他们也为中原人打开了一扇窗，使中原人可以通过新的路径、新的视角认识世界。例如，匈奴迫使汉朝探索西域，甚至到了东汉时中原人还和东罗马帝国产生了一些或直接或间接的联系。如果没有拓展西域，秦汉王朝只能算是亚洲东部的一个政权，而将西域纳入国家版图以后，汉王朝就具备了国际视野和直接的世界影响力。

张骞的交通西域

汉朝时候，新疆一带的地方，称为西域。这地方的民族很多，分作好几十国；新疆以西的地方（今属中亚），也建立几个大国。这些国有畏惧匈奴听他号令的，有和匈奴相仇的。但是在汉武帝以前，西域诸国和中国从没通过来往，都只得到道路的传闻，西域诸国仰慕中国的富足，中国也叹羡西域诸国的广大，为着交通的不便，竟没有冒险的人来探讨个究竟。

汉武帝为着要征伐匈奴，极想联络西域，又听得匈奴来汉投降的人说道："匈奴打破了月氏国，杀了月氏国王，把月氏国王的头，拿来做盛酒的器皿（mǐn）；因此月氏国人痛恨匈奴，深入骨髓（suǐ），几次想图报复，只是缺少帮助的。"武帝便要发了使者到月氏国去联络。但是由汉朝到月氏国，须要经过匈奴①，很是危险，武帝便命召募勇敢能干的人，出使西域。

这时张骞在汉朝为郎（官名），便去应募出使西域。武帝大喜，赐给张骞随从百余人，并备办一切食用的供给，还找得一个从匈奴投降的堂邑（yì）父做陪伴。于是张骞一行百余人出发，从陇（lǒng）西（即甘肃）出匈奴。匈奴人很注意他们的行动，得知是要到西域的，便将张骞等捉了，送到单于处。单于说道："月氏在我国的北方，汉朝怎么能派得使者去？假如我国要派使者到南越，汉朝能准许我们通过吗？"单于于是将张骞扣留，派人监视着，但是很加优待，还将匈奴女子嫁给张骞为妻。

张骞在匈奴中被扣，住了十余年，他的胡妻也生了几个小孩子了；但是张骞的心思，仍然是没有一天不思念汉朝的。他乘着监视的人一时疏忽，便约着他的同伴，一齐逃走。逃得出来，径向西行，走了几十天，经过沙漠荒凉之地，一切的供给都没有，饥饿的时候，幸亏同伴堂邑父是胡人，习惯了射猎的方法，

---

① 从长安到西域需要经过位于今甘肃省祁连山与北方的沙漠之间狭长的河西走廊，这里生活着多种民族，受到匈奴的控制。

猎取禽兽来充饥，一路辛辛苦苦，才得到了大宛国（在新疆西，今属俄国）。这大宛国素来听得汉朝的富足，很是羡慕的，今见着汉朝的使者来了，很是欢喜，便问张骞的来意。张骞回说："我是汉朝派来出使月氏的，为匈奴所扣留，今得逃脱，要请国王派人导送我到月氏去。将来得回汉朝，汉朝必然要多送财物为报答。"大宛国王听了，信以为然，便派人送张骞等到了康居国（今新疆北和俄领中亚地），再由康居国①到了月氏国。这时月氏国王已被匈奴所杀，月氏王后立为国王，迁到大夏国（今阿富汗北部）去了。张骞又到了大夏国。但是月氏自迁大夏后，因为地方肥饶、人民安乐，又以为隔汉朝太远，没有报仇的心思了。于是张骞所负的使命——要联络月氏去攻匈奴——便没有成功。然而因为张骞的为人，品格高尚，蛮夷的人没有一个不加爱慕，西域诸国信仰汉朝的心思，更坚固了。

张骞在大夏住了一年，既不能达到目的，只得回汉朝来，经过匈奴，又被匈奴所捉，仍然扣留着。过

---

① 康居国：今新疆西部即乌兹别克斯坦的撒马尔罕。

天山积雪图（局部） 清 华嵒 北京故宫博物院藏

了一年，恰遇着单于死了，匈奴内乱，张骞就带了他的胡妻，和堂邑父一同逃回汉朝来了。这次张骞出使西域，走了一十三年，同行的百余人，回汉时只剩得张骞和堂邑父二人了。武帝嘉奖他们的功劳，拜[①]张骞为大中大夫，堂邑父为奉使君。

后来张骞跟着大将军去征匈奴，因为在匈奴住得很久，地形熟悉，知道水草的处所，军行不感困难，所以大破了匈奴，武帝加封张骞为博望侯。

汉武帝自打败了匈奴，更加想联络西域，以图解决匈奴，并且武帝是个好大喜功的皇帝，听得西域广大，国数众多，便想设法使来归服，博得个四夷来朝的美名，于是几次召了张骞入朝，询问西域的情况。张骞知道武帝的意思，便对武帝说道："臣在匈奴时，听得有个乌孙国（在今伊犁），国王名叫昆莫；他的父亲名叫难兜（dōu）靡，和月氏国都是祁（qí）连、敦煌间的小国。月氏国攻破了乌孙国，把难兜靡杀了，土地也夺取了，乌孙的人民都逃到匈奴；那时昆莫还是初生的婴孩，乌孙的臣子布就抱他出外逃难，将昆

① 拜：任命（官员）。

莫放在草中，另去寻觅食物，等得布就回来，见一母狼正在喂乳给昆莫吃，还有一只大鸟，嘴里衔着肉食，正在昆莫的旁边飞翔，布就惊以为神，便带了昆莫也逃到匈奴。单于很是喜爱，命人小心养着，到了昆莫年长，单于将乌孙的民众，给他统带①，并命他为将，昆莫屡（lǚ）次出外打仗，很立了些功劳。这时月氏已被匈奴攻破，月氏国人西走，攻破塞国，占了塞国的土地，又立起国来。昆莫便请求单于，要去攻打月氏，报复杀父的仇怨。单于允许了，于是昆莫带兵西行，攻破了月氏，月氏人又向西逃走，迁徙（xǐ）到大夏；昆莫便据了塞国的土地，也立起国来。恰遇单于死了，昆莫就不肯侍奉匈奴了，匈奴几次派兵来打，都被昆莫打败，匈奴便以昆莫为神，不敢和他为敌了。今匈奴刚才被我汉朝打败，昆莫也恨着匈奴，又怀恋着旧地，当这时候，只要使人去联络昆莫，多给他一些财物，许他和汉朝结婚，他必然听从，那么，真是断了匈奴一个右臂，乌孙既然归服汉朝，那就大夏等国也容易招来了。"

故事十五·张骞的交通西域

---

① 统带：统一带领。

蕃騎弄簫圖 北宋 陳皋 衡水中國書畫博物館藏

武帝听了，很是欢喜，又命张骞出使西域，给张骞将校三百人，牛羊以万计，金宝币帛所值计千万数，还设几个副使，以便分道出使各国。此次张骞出使西域，是当匈奴新败之后，单于退居漠北，并且西域的道路，已经熟悉，所以一直到了乌孙，又分发副使到了大宛、康居、月氏、大夏等国，把带来的牛羊金帛，尽赏赐各国，还宣传汉朝的德意，西域各国异常感激。张骞回汉的时候，各国派人导送，乌孙派了使者数十人，骏马数十匹，和张骞一同来汉朝，报谢武帝。从此西域交通开发，以后的使者，来往不绝了。后来乌孙与汉朝结婚，西域各国都归附汉朝，匈奴的势力便孤弱了。

张骞死后，中国使者皆称博望侯，以见信于西域。自此西方的文化，逐渐输入中国，单讲植物：像葡萄、苜蓿（mùxu）、安石榴……都在这时输入的。张骞冒险，不顾死生，开通西域的孔道[1]，这是中国的探险家，很值得后人的崇拜。

---

[1] 孔道：通往某处必经的关口。

汉武帝拓展西域的最初目的是要联合大月氏对抗匈奴，解决汉王朝北方的威胁。而等到张骞第二次出使西域时，汉朝已经接连打击匈奴多次，在军事方面占据了很大优势，汉武帝联合西域对抗匈奴的战略构想并没有太多可以直接付诸实践的机会。汉武帝的曾孙宣帝在位时，曾派御史大夫等率兵十五万骑，分五路出击匈奴，但都无功而返。而当时正在出使西域的常惠纠集西域乌孙等国的军队大败匈奴，可以说是契合了当初汉武帝的构想。乌孙等国的军队之所以愿意听从常惠的调遣，是因他们慑服于汉的威德。常惠在西域不需要汉朝调拨太多军队就可以使各国服从，率领各国的军队实现自己的目标。将这一思路运用到极致的是东汉的班超。班超经营西域数十年，各国都听从调遣，而东汉在西域的驻军常常不过数千人，班超所依靠的正是西域各国的支持。

历史原典研读

《后汉书·班超列传》

明年^①，超发于窴（tián）^②诸国兵二万五千人，复击莎车。而龟兹王遣左将军发温宿、姑墨、尉头合五万人救之。超召将校及于窴王议曰："今兵少不敌，其计莫若各散去。于窴从是而东，长史亦于此西归，可须夜鼓声而发。"阴^③缓^④所得

---

① 明年：第二年。
② 于窴：于阗。窴，古同"阗"。
③ 阴：暗中；秘密地。
④ 缓：放松。

生口。龟兹王闻之大喜，自以万骑于西界遮①超，温宿王将八千骑于东界徼于窴。超知二虏已出，密召诸部勒兵，鸡鸣驰赴莎车营，胡大惊乱奔走，追斩五千余级，大获其马畜财物。莎车遂降，龟兹等因各退散，自是威震西域。

---

① 遮：拦阻。

故事十六

王莽的篡汉

王莽是汉朝的外戚，他的姑母，便是汉元帝的皇后。在汉元帝和成帝时，王家最为贵盛，子弟都封了侯爵，掌管朝政，同时一家中，有九个封了侯爵的，五个做了大司马官的，声势煊赫，荣耀一时。只有王莽的父亲因为早死，没有封受侯爵。王莽的兄弟们，都是将军五侯的儿子，仗着尊贵，穷极奢侈（shēchǐ）①，终日斗鸡走马②，讲求声色的快乐。但是王莽却表现着孤儿寒素③的状态，待人很谦恭，自己又很俭朴，专事发奋读书，常穿着儒生的衣服，在家侍奉母亲很孝顺，对于他的寡嫂和亡兄的儿子，尤其看待得周到。侍奉他的伯叔父很能尽礼，又在外交结了一些英俊有名之士，于是王莽很博得家庭

---

① 穷极奢侈（shēchǐ）：任意挥霍浪费，尽情享受。也说"穷奢极侈""穷侈极奢""穷奢极欲"。穷，极为。
② 斗鸡走马：使鸡打架，让马赛跑。指尽情游乐。
③ 寒素：清贫。

中和社会上的称赞。

　　他的伯父王凤为大将军，掌握朝政，很为汉成帝和王皇太后所信任，年纪已老，积劳成疾[1]；王莽在侧侍奉，很是殷（yīn）勤，比孝顺的儿子还要好，饮药先要亲自尝过，彻夜不睡，劳苦月余，弄得愁瘁（cuì）[2]不像人形了。王凤很是感激，知道自己将死，便嘱托王皇太后扶持王莽。后来王凤死后，果得着王皇太后的力，汉成帝封王莽为新都侯。

　　王莽自受封侯爵以后，更加谦恭，尽散了家财，交结宾客，招收国中的名士，当时的将、相、卿、大夫，没一个不为王莽所交纳的。于是王莽得着朝野的称誉，他的名誉，驾于他的伯叔父之上了。这时他的叔父王根为大司马，因为他的声誉日高，又有朝中的卿大夫，交相推荐，便自请退位，也推荐王莽。因此成帝就升王莽为大司马，掌管朝政了。

　　王莽既得辅佐朝政，要想地位高出人上，就聘请一些名贤，给以官职，把所得的俸（fèng）钱，尽分给一些士子，自己更加俭约。他的母亲病了，一些公

---

[1]　积劳成疾：由于长期劳累而得了病。
[2]　愁瘁（cuì）：忧伤憔悴。也作"愁悴"。

卿诸侯的夫人来探病，他的妻子穿着破敝的衣服，出外迎接，那些公卿诸侯的夫人，见了以为是女仆，后来问了才知道是王莽的夫人，都大惊异，由是王莽的名被人尊敬若神圣了。

王莽辅政一年，成帝死了，哀帝即位，王莽自请避外家嫌疑，辞去官职，说得很恳切。哀帝不忍违拂（fú）他的意思，命他归新都侯职，于是王莽离了朝中，到新都就职了。王莽到了新都，闭门自守，对于国家的政事，不敢干预，专意爱护新都的百姓。有一回，王莽的儿子获打死了一个家奴，王莽以为家奴同是人家的子弟，杀人须偿命，便痛责儿子，迫令王获自杀。王莽在新都三年，吏民都感他的恩德。于是官吏上书皇帝，言："王莽当掌朝政，不当僻处新都的。"有百数十起。哀帝听了，召王莽还京师。

王莽还京后，哀帝死了，没有儿子，王莽便和群臣，迎立中山王为帝，是为平帝。这时平帝年才九岁，一切政事，都由王莽处理。王莽用了一班腹心①的人做党羽，把不服他的人，尽假②着罪名诛灭了。又由

---

① 腹心：指极亲近的人。
② 假：借。

大驾卤簿图（局部）宋 佚名 中国国家博物馆藏

青牛旗舆

赤牛旗舆

黄牛旗舆

黑牛旗舆

白牛旗舆

王莽的党羽，盛言王莽的功德，有安定汉室的功劳，宜加封为安汉公。朝中的群臣，都同声附和。皇太后照着群臣的请求，封王莽为安汉公。

没有几年，平帝死了，王莽在宗室王侯中，选了广戚侯的儿子婴，年才二岁，假托卜相最吉，立为皇帝。由王莽代行皇帝的政事，称为假皇帝[1]。

梓潼（zǐtóng）人哀章，素无品行的，游学长安，见王莽称假皇帝，便乘此机会，图得官禄，做成两个铜柜，一个署名为"天帝行玺金柜图"，一个署名为"赤帝行玺刘邦传予黄帝王莽金策书"。柜中藏着图书，都是假托天神，言王莽当为真天子。在黄昏时候，穿着黄衣，捧着两个铜柜，送入高祖的庙中。守庙的官吏，便去报告王莽。王莽亲自着了王公的礼服，到高祖庙中，敬谨地拜受。

王莽便将天神所赐金柜图的意思，布告天下臣民，为不敢违背天命，实行即真天子位，改国号叫新。把子婴的皇帝废了，改封定安公。王莽还亲握了子婴的手，流涕（tì）[2]说道："从前周公代理成王，后来

---

[1] 假皇帝：古代称代理职位为"假"，假皇帝即代理皇帝。
[2] 流涕（tì）：流泪。

周公毕竟归还政事。今我独为天命所迫，不能如我的意。"说毕，还嗟（jiē）叹 ① 了好久。

王莽做了天子以后，赋税繁重，民不聊生 ②，盗贼大起，据了州郡，称兵反叛。有琅邪（lángyá）的女子吕母，因为她的儿子在县中为吏，被县令冤杀了；吕母受了冤屈，无处可申，愤恨极了，尽散家财，沽了许多酒，买了些兵器，交给许多贫穷的少年，在家饮酒习技，渐集合百余人，就攻入县城，活捉了县令，杀了头去祭她儿子的坟墓。然后一齐避入海中，又召集流亡，纠合了万人，便成为大股的盗匪了。这时盗匪众多，到处皆起，不过这女子为盗，是很可惊奇的。

还有汉兵也起自南阳，后来声势渐大，更始立为皇帝。王莽异常恐惧，派了大兵去讨伐，在昆阳被汉兵打得大败，王莽的大势，从此去了。王莽心里愁闷，弄得寝食不安 ③，便仿照古时国有大灾，向天哭泣求救的旧例，亲自率领一些臣子，出南郊祭天，并且祷告道："皇天既然命我为天子，何不绝灭一些盗贼？

---

① 嗟（jiē）叹：叹息。
② 民不聊生：人民没办法生活。
③ 寝食不安：睡不好觉，吃不好饭。形容非常忧虑。

大駕鹵簿圖（局部）宋 佚名 中國國家博物館藏

若是我有罪，请用雷霆诛杀我。"祷毕，捶胸大哭。群臣跟着也一齐大哭，一时哭声震天，充满了悲哀的空气。哭得气尽了，就伏着叩头如捣蒜一般。还使了一些儒生，每天早晚，祭天哭泣。但是任凭祭得如何诚恳，天也没有灵验，汉兵着着地四面围攻到长安来。王莽将狱中的囚犯，尽行赦出，都给以兵器，令他们去守城御敌，又恐怕囚犯们不肯尽力，便杀牲饮血，令个个对天设誓①道："有不替新朝尽力的，鬼神诛罚。"后来汉兵围的日益加多，长安遂被攻破。王莽为汉兵所杀，汉兵争杀王莽的功劳，把头身肢节斩成数十段。

　　王莽死了，　汉更始入长安称帝，但是不久又被赤眉贼攻破，长安宫室，尽被焚毁。等到光武帝打平了赤眉，统一中国，汉朝才得复兴。

---

① 设誓：立下誓言。

王莽改制是中国历史上的重要事件。西汉中后期以来，广泛流传着这样的说法：汉家气运将终，要像尧舜禅让一样把帝位让给其他姓氏。当时社会矛盾不断积累，这样的传言便流传得越来越广。王莽能够取代汉朝建立新朝，即有着这样的历史背景。人们支持王莽当政，是希望王莽能够按照儒家经典改订制度，重修礼乐。王莽称帝后，也曾积极按照《周礼》等儒家典籍改革制度。王莽改制的核心是关于王田和私属①的法令。西汉土地兼并严重，王莽便希望逐步废除土地私有制，将田地全部归到天子名下，再由天子分给人们耕种，从而抑制兼并。西汉时奴婢众多，王莽便下令废除奴婢身份，改称私属，私属仍须为原来所有者服务，但法律地位有所提升，且私属的子女可以恢复自由身份。无论是王田令还是私属令，在当时都是不符合实际情况，难以推广的。

---

① 私属：即之前的奴婢。

因此这些法令的强制推行迅速激化了社会矛盾。王莽改制中还有很多反复无常的内容，例如反复改铸货币，多次改易地名等。这些行为致使人们失去对货币的信任，导致货币无法流通，严重扰乱了经济秩序。地名变动无常也使很多行政文书无法准确下发，给行政事务和人们的生活带来了极大不便。王田令和私属令推行受挫以后，王莽为了强行向世人证明改革并未失败，进行了大量无意义的、只是为改而改的改革，使得政治、经济、社会秩序更为混乱，加速了新朝的覆亡。

历史原典研读

《汉书·王莽传》

莽曰："古者，设庐井八家，一夫一妇田百亩，什一而税，则国给民富而颂声作。此唐虞之道，三代所遵行也。秦为无道，厚赋税以自供奉，罢民力以极欲，坏圣制，废井田，是以兼并起，贪鄙生，强者规田以千数，弱者曾无立锥之居。又置奴婢之市，与牛马同兰，制于民臣，颛①（zhuān）断其命。奸虐之人因缘为利，至略卖人妻子，逆

①　颛：愚昧。

天心，悖人伦，缪于'天地之性人为贵'之义。《书》曰'予则奴戮女'，唯不用命者，然后被此辜矣。汉氏减轻田租，三十而税一，常有更赋，罢癃①（lóng）咸出，而豪民侵陵，分田劫假。厥名三十税一，实什税五也。父子夫妇终年耕芸，所得不足以自存。故富者犬马余菽粟，骄而为邪；贫者不厌糟糠，穷而为奸。俱陷于辜，刑用不错。予前在大麓，始令天下公田口井，时则有嘉禾之祥，遭以虏逆贼且止。今更名天下田曰'王田'，奴婢曰'私属'，皆不得卖买。其男口不盈八，而田过一井者，分余田予九族邻里乡党。故无田，今当受田者，如制度。敢有非井田圣制，无法惑众者，投诸四裔，以御魑魅，如皇始祖考虞帝故事。"

是时，百姓便安汉五铢钱，以莽钱大小两行

---

① 癃：指疲惫、衰弱、多病。

难知，又数变改不信，皆私以五铢钱市买。讹言大钱当罢，莫肯挟^①。莽患之。复下书："诸挟五铢钱，言大钱当罢者，比非井田制，投四裔^②。"于是农商失业，食货俱废，民人至涕泣于市道。及坐卖买田宅、奴婢，铸钱，自诸侯、卿、大夫至于庶民，抵罪者不可胜数。

---

① 挟：携带。
② 裔：边远的地方。

汉高祖的九世孙刘秀，当王莽时，已降为庶民①了，住在河南的南阳，性好耕种，以农为业。他的哥哥伯升，性情豪侠，好交结宾客，常笑刘秀没有大志。

当王莽的末年，连岁遇着饥荒，盗贼四起。刘伯升的家里，养着许多宾客，内中良莠（yǒu）不齐②，便有从为盗贼的，因此官吏捕盗，就牵累③到刘伯升家里。刘秀恐怕惹祸，就逃避到了新野。宛人李通善符命之说，对刘秀说道："刘氏当复兴，李氏为辅佐。"刘秀听了，起初以为不敢当这符命。但是想到伯升，素喜结交宾客，必然会举大事④。又见了王

---

① 庶民：普通百姓。
② 良莠（yǒu）不齐：指好人和坏人混杂在一起。莠，狗尾草，比喻品质坏的人。
③ 牵累：因牵连而使受累，连累。
④ 举大事：发动起义。

莽的行事，必遭败亡，天下已成大乱之势。于是和李通之弟李轶（yì）同谋起兵，买了许多兵器，招集一些壮士，没有好久，就集合数百人了，刘秀带着，回到南阳来。这时刘伯升早已聚众起兵，见刘秀也领兵到来，喜出望外[1]，便会合为一了。

当刘伯升起兵的时候，所招集的兵士，多半是良家子弟，都怀惧祸的心思，说道："刘伯升将来会害死我们。"于是有些逃亡的。等到刘秀也带兵来会合，一些兵士见了，都大惊异，齐说道："刘秀是素来谨慎的，尚且如此，我们还惧怕什么呢！"由是军心才安。

刘伯升兄弟的兵，既然会合了，便去攻取郡县。刘秀当起兵时，没有马匹，只得骑牛代马，后来攻破新野，才得着马骑，兵势渐盛，将南阳附近的郡县，都取得了。于是立刘圣公为天子，称更始帝，伯升为大司徒，刘秀为太常偏将军。然后刘秀又率领诸将攻破了昆阳（河南叶县）、郾（yǎn）城、定陵等县，得了许多牛马财物，军声[2]自此大

---

① 喜出望外：遇到出乎意料的喜事而特别高兴。
② 军声：军队的声威、气势。

剑阁图（局部）明 仇英 上海博物馆藏

振了。

王莽听了，异常恐惧，就命了大将王寻、王邑，带兵百万，旌旗辎重，千里不绝，浩浩荡荡，杀奔昆阳而来。还有一个长人，名叫巨无霸，身长一丈，腰大十围，做军中的垒（lěi）尉；又驱了一些猛兽，如虎、豹、犀（xī）、象之类，以助威武。自秦汉以来的出兵，从没有这样热闹的。

这时刘秀在昆阳，共计兵士只有八九千，诸将都异常恐惧，要想各自逃散，刘秀对诸将说道："今我兵既少，敌兵众多，我们同心合力，才可希望建功立业；若要分散，势必个个为敌人所擒（qín），只要昆阳一破，各处都不能守，我们没有容身之地^①，性命都不能保，何况妻子财物呢？"诸将听了，还有些不相信，都怒气冲天地说道："刘将军怎么敢说这大话呢？"正在说话的时候，恰有侦探的兵士来报告道："敌兵从城的北面来了，乌压压地摆列数百里，还不知道后面有多少人数。"诸将听了，更加惊惶失措^②，便对刘秀说道："请刘将军定出退敌的妙计来。"于是刘秀分派诸将守城，自己和李轶带领十余骑，从南城出；这时莽兵到城下的已有十万，幸亏城南的围攻，还不完密，刘秀奋勇杀出，才得到了郾城和定陵。

刘秀既到郾城、定陵，便要尽发两县的守兵，去救昆阳，诸将有些爱惜财物的，都要分兵留守。刘秀对诸将说道："今若破敌，成了大功，珍宝将任我们所取；若为敌所破，我们性命尚且不能保，还能顾及财物吗？"于是尽发两县的守兵，共得数千人，刘秀和诸将率领，前往救应昆阳。

王寻、王邑统领大兵，一到昆阳，便把昆阳城，重重围住，所扎的营有数百起，旗帜插遍了野外，尘埃飞满了天空，战鼓擂得震天价（jiè）响，声音达于几百里以外。又开了地道，从地道中进攻。还有十余丈高的梯子，俯视城中，将乱箭向城中发射。昆阳的守兵，已经死亡不少，实在抵御不住了，便请莽兵停攻，自请投降。王寻、王邑以为马上要攻破了，不许他们投降。

刘秀和诸将带了郾城、定陵的兵，去救应昆阳，自己率领兵马千余前行，和莽兵相隔只四五里，便摆

列阵式。王寻、王邑发兵数千去和刘秀应战。刘秀奋马独出，斩杀数十人，诸将都欢喜，说道："刘将军平常见了小敌，很是胆怯，今见了大敌，却有这般勇敢，真是奇怪。"于是诸将随着刘秀，一同前进，莽兵退却，刘秀乘胜又斩杀数百人。一连胜了几次，就节节前进。诸将乘着战胜的威风，胆气大壮，没一个不是以一当百^①，抖擞（sǒu）^②精神，向莽兵冲杀过来。刘秀又另自率领敢死士三千人，从城西冲破莽兵的中坚，莽兵的阵势大乱，刘秀乘着锐气，深入莽兵的阵地，把王寻杀了。于是城内的兵，也开城鼓噪而出，内外夹攻，一片杀声，震动天地，莽兵各逃生命，自相践踏，死的不知其数。这时恰遇着天大风雷，雨下如注，河水暴涨起来，莽军的兵士，争先渡河，溺（nì）死的有万多人，河水也因之不流了。王邑乘着死尸渡河，得以逃出活命。刘秀尽得着莽军的辎重器械，大获全胜了。

这时刘伯升被更始帝所杀，刘秀听得，连忙赶回，

给孩子的中国历史故事 2

---

① 以一当百：一个人抵挡一百个人，形容勇敢善战，以少胜多。
② 抖擞（sǒu）：振作。

自向更始谢罪，全不夸^①救昆阳的功劳，也不替伯升发丧，饮食言笑和常人一般，但是每日夜间就寝，伤心痛哭，枕头都被眼泪流得透湿了。更始帝见了刘秀这般举动，自觉异常惭愧，于是拜刘秀为破虏（lǔ）大将军，封武信侯。

后来汉兵破了王莽，更始定都洛阳，命刘秀渡河北行，镇抚河北各地。于是刘秀到了河北，所过州郡，尽除王莽的苛政，恢复汉朝的官仪，吏民大喜，争先持了牛酒^②来迎劳^③。将要进至邯郸（hándān），恰遇王郎在邯郸自立为天子，悬赏十万捉拿刘秀。刘秀以王郎新起势盛，就绕道到了蓟（jì）县。不料蓟县的子弟，正在起兵响应王郎，县中汹汹^④，预备欢迎邯郸使者。于是刘秀不敢停留，加鞭疾行，走了一日一夜，随从的人都饥饿得不堪了，恰遇着路中有欢迎邯郸使者的客馆，刘秀便自称邯郸使者，走入客馆中，客馆也信以为真，忙招待进食。随从的人因为饥饿极了，见食争夺。客馆中的人见着这般状态，

---

① 夸：自吹。
② 牛酒：牛和酒，古时用于设宴犒赏、馈赠、祭祀。
③ 迎劳：迎接慰劳。
④ 汹汹：形容喧扰。

汉光武帝刘秀 历代帝王图 唐 阎立本 宋摹本 美国波士顿美术馆藏

就疑心是假的。于是客馆人也给（dài）①说道："真
邯郸使者到了。"刘秀究竟心虚，一听这话，即刻逃
走，不分昼夜地向南而行，这时天气严寒，头面被风
刮得要破裂了，走到呼沱（tuó）河边，遇着冰合②，
才得从冰上渡过了河。便到了信都。

　　刘秀在信都，招集旧部，又得着郡县的归降，渐
合至数万人了，于是招集诸郡，一同兴兵讨伐王郎，
各地响应，都派兵援助，刘秀亲自率领，进围邯郸，
攻破了邯郸城，将王郎杀了。由是河北都归服刘秀。
更始帝召他回洛阳，刘秀不肯，从此刘秀和更始分
离了。

　　这时各地起兵自立为王的很多，又有铜马、赤
眉、大肜（róng）、高湖、铁胫（jìng）等贼，这些
盗贼，或是以山川土地为名，或是以军容强盛为号，
人数有几百万，声势很大。刘秀尽将他们次第降服，
把贼中的头目，封拜官职。所以当时人有称刘秀为
铜马帝的。

　　更始入了长安，后来被赤眉攻破，为赤眉所杀。

---

① 给（dài）：欺哄。
② 冰合：冰封。

刘秀把赤眉平定，才到洛阳，建都称帝，是为光武帝。汉朝从此复兴，自汉高祖建都长安，至光武改都洛阳，所以后人称前汉为西汉，后汉为东汉。

在两汉之际的大规模战争中，人口大量减少，土地成片荒芜，这为刘秀提供了机会。他可以趁机解决王莽未能解决的土地兼并以及奴婢的问题。刘秀称帝后，多次下令赦免奴婢为平民，如建武二年（26年）下令"民有嫁妻卖子欲归父母者，恣听之。敢拘执，论如律"。十一年（36年）下令"敢炙灼奴婢，论如律，免所炙灼者为庶人"。十三年（38年），下令"诏陇、蜀民被略为奴婢自讼者，及狱官未报，一切免为庶人"。同时还颁布法令提升奴婢地位。如建武十一年春诏书"杀奴婢，不得减罪"，八月，"诏除奴婢射伤人弃市律"。不过，刘秀每次赦免奴婢都是有条件限制的，如建武二年针对的是被父母卖为奴婢的人，允许他们回到父母身边。建武十三年的法令仅限于陇右、巴蜀地区，刘秀采取的是较为保守的、渐进式的处理办法，并未像王莽那样贸然废除奴婢制度。刘秀应对土地兼并的办法也与他处理奴婢问题相似，他并未像王莽那样直接废除土地私有制，而是一方面不抑制土地兼并，另一方面将大量的荒地分给军士和平民耕种，缓解了人们由于土地产生的矛盾。虽然奴婢问题和土地兼并仍然存在，但在当时很多奴婢获得了平民身份，大量无土地农民也得到了土地，矛盾得到了缓解。

自光武帝中兴汉朝以来，专重儒学，所以儒学大盛。又招聘（pìn）一些有气节的儒者，提倡忠孝廉节，养成优美的习性。读书的人，都知道爱国，不是专读死书，还要注重国家的政治，尤其是不怕强权，遇着国家不好的政治，或是祸国的奸臣，必要尽量地指摘^①，从不肯阿谀附和，像西汉一班士大夫称颂王莽的事，是绝对没有的。

东汉传到桓帝和灵帝时，信任宦（huàn）官，朝中的政事，都出自宦官之手。这宦官本是受了阉刑的人，在宫中充当侍役的，只因得着皇帝的宠爱，就拔擢（zhuó）^②出来，参预朝中的政事；而宦官更相交引，结成党派，只图自己的利益，弄得国事日坏。

当时一班士大夫，都愤恨宦官当权，对于朝政，

---

① 指摘：挑出错误，加以批评。
② 拔擢（zhuó）：提拔。

尽量批评，也结为党派，互相标榜，互相称扬，深得人民的同情，为全国人民所信仰。这时洛阳的太学诸生三万余人，以郭林宗、贾伟节为首领，和李膺（yīng）、陈蕃（fán）等相结交。他们虽没握着朝中的政权，却得着民众的信仰，在社会上的势力很大。于是有一班羡慕的人，上他们的尊号，称之为"三君""八俊""八顾""八及"。窦武、刘淑、陈蕃为三君。李膺、荀昱（yù）、杜密、王畅、刘祐（yòu）、魏朗、赵典、朱寓为八俊。郭林宗、宗慈、巴肃、夏馥（fù）、范滂（pāng）、尹勋、蔡衍（yǎn）、羊陟（zhì）为八顾。张俭、岑晊（Cén Zhì）、刘表、陈翔、孔昱、范康、檀敷（Tán Fū）、翟（zhái）超为八及。称"君"是为一世所宗仰的意思，称"俊"是言人中之英俊，称"顾"是言能以德行引导人民，称"及"是言能引人宗仰。

　　李膺曾做渔阳太守，很有政绩，又做过乌桓校尉，防守边疆，也很得力，后来因事去官，在家讲求学问，四方的学者来从他为师的达千人。他的学生，经他教育出来，都是志向很纯洁的。有南阳人樊（fán）陵来求做他的学生，他见了樊陵的志气不坚，竟不

肯收受，后来樊陵果然依附宦官，做到太尉的官职，很为一般有气节的人所耻。还有荀爽是当时有名的人，因为爱慕李膺，从没见面，特从远道来见他，并且邀他同车，亲自执御①。荀爽归家后，很是欢喜，对人说道："我今日才得替李君执御哩。"这可证明时人仰慕李膺的热度，达到极点了。桓帝听得李膺的贤名，召他为度辽将军，和羌人打仗，很有功劳，又升做河南尹。这是京师洛阳的执法官吏②，他不避权贵，犯了罪的，要照律治罪，因此一般权贵人，都惮服③他。后来又迁为司隶校尉，有宦官张让之弟张朔，因做野王县令，很是残暴，竟至杀了无辜的孕妇，听得李膺的严厉，自己惧罪，藏匿（nì）④张让家里。李膺知道了，自己带了吏卒，走到张让家里，捉了张朔，即刻杀了。张让见杀了他的弟弟，就向桓帝哭诉冤枉。桓帝召了李膺亲自讯问，李膺将张朔的罪恶，一一奏明了。桓帝听了，对张让道："这是你弟的罪过，怎

---

① 执御：赶车马。
② 当时全国有很多郡，首都洛阳在河南郡，河南尹是河南郡的长官，掌管郡中各项事务，京师执法只是其职责的一部分。
③ 惮（dàn）服：畏惧服从。
④ 藏匿（nì）：藏起来不让人发现。

能怪及司隶呢？”由是朝中的宦官们，都怕了李膺的威严，纵有闲暇的时候，都不敢外出。桓帝怪问他们的缘故。宦官等叩头哭泣回说道：“我们怕李校尉呀。”自此朝廷的纲纪，经李膺整顿起来。

李膺做河南尹的时候，郭林宗到了洛阳，这时林宗刚从学校中出来，来游京师的。李膺一见郭林宗，大加称赏，就和他结为朋友，林宗的名誉，却因此大震京师了。后来林宗离京回家，京中的士大夫，都设饯（jiàn）①送行，亲送至河上，马车数千辆。林宗独和李膺两人，同舟渡河，众客望着他俩，都以为是神仙。

郭林宗因见朝政纷乱，不肯做官，所以终身不仕。他很有知人之明，最好奖励士类，凡经他所提携（xié）的，后来都成有名之士。林宗身长八尺，容貌魁（kuí）伟，宽衣博带②，周游郡国。有一次，他在路上遇着雨，把所戴的巾帽，折了一角。于是当时人都把巾帽特折一角，称为“林宗巾”。这可见时人的仰慕。

---

① 设饯（jiàn）：设酒食。饯，送行时的宴会。
② 宽衣博带：穿宽衣，系阔带。古代儒者的装束。

给孩子的中国历史故事 2

一次，林宗出外游行；有陈留人茅容，年已四十余岁，正在田野耕种，遇着大雨，避雨树下，同伴的人，都踞（jù）蹲的相对坐了，独茅容正襟（jīn）危坐①，这时林宗恰经过此地，见了很是奇异，就和茅容攀谈，并请到茅容家里寄宿。次日茅容杀鸡为馔（zhuàn）②，林宗以为是饷（xiǎng）客③的，到了进馔的时候，茅容尽将鸡肉供奉他的母亲，自己和客共食蔬菜。林宗忙起立对茅容致敬道："你真是贤人了。"就劝茅容求学，后来茅容成了有名的儒者。

　　又林宗在太原，见一人正荷（hè）④着瓦甑（zèng）⑤行走，忽然瓦甑堕落⑥地上，那人好像没事，头也不回，径自去了。林宗很觉得那人奇异，就追上去问他是什么意思。那人回答道："瓦甑已经破了，我纵然回头一看，又有什么益处呢？"林宗很

---

① 正襟（jīn）危坐：理好衣襟，端端正正地坐着，形容严肃或拘谨的样子。
② 馔（zhuàn）：食物。
③ 饷（xiǎng）客：用酒食等款待客人。
④ 荷（hè）：背或扛。
⑤ 瓦甑（zèng）：一种陶制的炊具。
⑥ 堕落：落下。

拜服那人的见识，当即问了那人的姓名，知道是孟敏，便劝令求学。后来孟敏也成了有名的大儒，朝廷请他去做官，他竟不肯去。

这时宦官侯览、曹节，正在当权，见了李膺和一班名士交结，有这样的负①时誉，又时常议论他们，心里怀恨得很，极想借端陷害。恰遇着河内人张成是善占卜未来之事的，卜了当有大赦，就教他的儿子杀人，后来他的儿子果然遇着大赦，得以免罪。李膺在这时为河南尹，知道这事，极为愤恨，就独于张成的儿子不赦，竟致案杀②了。张成因为善于占卜，和宦官们素有交结，便上书告李膺等养太学游士，交结诸郡学生，结成党羽，诽谤朝廷，坏乱风俗，于是天子大怒，捕捉李膺等，囚在狱中。当时受牵连的名士，有二百多人，内中有许多逃走的，便派了使者四出缉（jī）获③。后来朝中的大臣，上书诉说李膺的冤枉，皇帝才将李膺等赦免了。但是党人的名册，还存在朝中，削夺终身做官的权利。

---

① 负：享有。
② 案杀：查办处死。
③ 缉（jī）获：拿获。

自后宦官势大，假着党人的罪名，把一些正人君子，都加以摧残。这时窦武为大将军，陈蕃为太傅，共秉（bǐng）①朝政，见着宦官如此猖（chāng）狂，就密谋诛杀宦官，便引用一些名士，来做帮手，如李膺等都起复为官了。但是他们的事机不密，被宦官们知道了。于是宦官曹节假着皇帝的诏命，发兵围攻窦武，将窦武捕杀了，陈蕃也被杀。李膺等一班名士，都被逐为庶民。

　　宦官们虽然把窦武、陈蕃杀了，但是党人散居于民间，还很有势力，是他们的敌人，便想要用一网打尽之计。名士张俭是被称为"八及"中人，和宦官侯览是同乡，侯家倚势欺人，鱼肉乡民，张俭曾上书弹劾（hé）侯览的罪恶，所以侯览很是恨他。又有朱并是乡中的无赖，素为张俭所厌恶，朱并也怀恨张俭，便上书告张俭勾结党人，图谋作乱。宦官又从中怂恿（sǒngyǒng）②，天子大怒，便大捕党人，将以前党人案件同时并发，于是天下名士，尽被拘捕，如刘淑、李膺、范滂等百余人尽死狱中，门生家属尽被牵

---

① 秉（bǐng）：掌握，主持。
② 怂恿（sǒngyǒng）：鼓动。

闲话宫事图 明 陈洪绶 沈阳故宫博物院藏

连，做官的禁锢终身，天下骚动了。张俭逃亡于外，未遭杀戮；郭林宗因为素来和平，没有仇怨，此次没受牵连。自党祸兴起，朝中的正人绝迹，都是倚附宦官的，国事更坏了。后来黄巾贼起，国势危急，才将党禁解除，起用名士。但是大势已去，虽有贤士，也不能挽回，汉朝的天下因此灭亡了。

东汉自第四任皇帝汉和帝始，皇帝继位时往往年幼，因此多由太后临朝听政。太后为了控制朝局，便让自己父兄辅政，于是权力归于外戚。皇帝年龄渐长，太后也去世了，为了摆脱外戚的控制，皇帝便拉拢亲近的宦官对付外戚，最终铲除外戚，掌握权力。而帮助皇帝夺权的宦官便因此受到重用。又因皇帝此前为外戚所控制，与大臣关系疏远，皇帝为了保证自己权力稳固，更需要倚重宦官，于是外戚干政后又出现了宦官专权的现象。东汉中后期的中枢政治基本就在外戚执政与宦官专权之间不停摇摆。外戚和宦官反复交替执政，他们的许多做法给国家和社会造成了很恶劣的影响，儒学士大夫的政治地位也受到压制，于是许多不满外戚和宦官的士大夫勇敢地站出来加以抵抗，其中反抗最激烈的就是桓帝、灵帝时的党锢之祸。后来南朝时范晔写作《后汉书》，将桓灵时期很多因反抗宦官专权而受到政治迫害的人写入《党锢列传》中。这篇传记集中展现了党锢之祸的经过，其中传达的东汉士大夫不屈的抗争精神，对后世产生了深远的影响。

历史原典研读

《后汉书·党锢列传》

范滂，字孟博，汝南征羌人也。少厉清节，为州里所服，举孝廉、光禄四行。时冀州饥荒，盗贼群起，乃以滂为清诏使，案察之。滂登车揽辔，慨然有澄清天下之志。乃至州境，守令自知臧（zāng）污，望风解印绶去。其所举奏，莫不厌塞众议①。迁光禄勋主事。时，陈蕃为光禄勋，滂执公仪诣蕃，

① 厌塞众议：压制各种意见。厌塞，压制、抑制。这里可翻译为使人信服。

蕃不止之，滂怀恨，投版弃官而去。郭林宗闻而让蕃曰："若范孟博者，岂宜以公礼格之？今成其去就之名，得无自取不优之议也？"蕃乃谢焉。

……

建宁二年，遂大诛党人，诏下急捕滂等。督邮吴导至县，抱诏书，闭传舍，伏床而泣。滂闻之，曰："必为我也。"即自诣狱。县令郭揖大惊，出解印缓（shòu），引与俱亡。曰："天下大矣，子何为在此？"滂曰："滂死则祸塞，何敢以罪累君，又令老母流离乎！"其母就与之诀。滂白母曰："仲博孝敬，足以供养，滂从龙舒君归黄泉，存亡各得其所。惟大人割不忍之恩，勿增感戚。"母曰："汝今得与李、杜齐名，死亦何恨！既有令名，复求寿考，可兼得乎？"滂跪受教，再拜而辞。顾谓其子曰："吾欲使汝为恶，则恶不可为；使汝为善，则我不为恶。"行路闻之，莫不流涕。时年三十三。

东汉自黄巾贼①起，国势危急，各地豪杰都起义兵讨贼，后来各据州郡，自称名号，成了群雄割据之势②。曹操挟着天子汉献帝，假名汉相，占有中原之地，势力强大。这时孙权据了江东，刘表占有荆（jīng）州，刘备屯（tún）兵小沛，都是和曹操为敌的。

曹操本想统一中国，自己来做天子，便出兵攻打小沛，把刘备打得大败，刘备没有安身之地，只得投奔刘表。曹操又发兵攻打荆州，这时刘表死了，儿子刘琮（cóng）继位。刘琮懦弱无能，听得曹操要来攻打荆州，吓得手忙脚乱，就自请投降。于是曹操进据荆

① 黄巾反东汉虽然有黄巾领导人的私人欲望驱使的因素，但广大民众起来造反，很多是因为被官府逼迫走投无路，不能一概称之为"贼"。
② 群雄割据的直接原因并不是镇压黄巾，而是黄巾起义被平定几年后，因为外戚何进和宦官矛盾深重，发生火拼，西北地区的军阀董卓趁机进入洛阳，控制了朝政，于是一大批地方长官起兵讨伐董卓，而这些地方长官就成了后来的割据军阀。

州，尽得刘表的水军步兵船只，有数十万。曹操便要顺着长江而下，攻打孙权，就备了艨艟（méngchōng）①战舰（jiàn）数千艘，水军步兵八十万，沿着长江，水陆并进，浩浩荡荡，杀奔江东来。

当刘表死了的时候，孙权知道荆州是很紧要的地方，为长江通中原的门户，于江东很有关系的，不知刘表的儿子是否能守得住，所以很为挂心，便派了鲁肃到荆州，借着吊丧为名，其实是要探听刘琮的情形。鲁肃到了夏口，就听得曹操出兵攻打荆州的消息，一到南郡（今襄阳南），更听得刘琮已将荆州投降曹操了。当曹操进据荆州，刘备也便仓皇奔走，想南渡长江，另谋栖（qī）地②。鲁肃恰和刘备在路中相遇，于是他俩同到了夏口。这时诸葛亮随着刘备，鲁肃一见诸葛亮，很是欣服，便结为很好的朋友。鲁肃又劝刘备和孙权同心合力，抵御曹操。刘备很以为然，便使了诸葛亮和鲁肃一同至江东。

孙权听得曹操统领八十万水陆大兵，来攻江东，

---

① 艨艟（méngchōng）：古代战船，又长又窄，水战中用以冲突敌舰。泛指大战舰。
② 栖（qī）地：落脚的地方。

便召集群臣商议对付之策。群臣都异常恐惧，说道："曹操托名汉相，挟着天子的命，来征伐四方，我们若是和他抵御，成了违抗天子的命令，名义上很不顺了，而且曹操新破荆州，得着刘表的水兵战舰，加以原有的陆兵，兵势很盛，沿着长江，水陆并进，又握着地形的险要，以我们东吴的力量，实不可和他为敌，不若自请降服为妙。"孙权听了群臣的议论，心里很是踌躇（chóuchú）①。这时鲁肃已回了江东，也参与这个会议。坐在旁边，没发一言，见孙权起身入内，便跟着孙权入内，孙权握着鲁肃的手，问道："你的意思怎样？"鲁肃回说道："众人都可以降曹操，只有你不能降曹操。譬如我们投降曹操，曹操依然要给我们职位，我们还不失为国家的官吏；若是你投降曹操，东吴的州郡，还能为你所有吗？"孙权说道："他们的议论，都使我很失望；只有你的意思，正和我相同。"

孙权虽然赞成鲁肃的主张，但是想到自己的兵力单薄，曹操的兵威强大，究竟犹豫（yóuyù）不决②。

① 踌躇（chóuchú）：拿不定主意。
② 犹豫（yóuyù）不决：迟疑动摇，拿不定主意。

吴主孙权 历代帝王图 唐 阎立本 宋摹本 美国波士顿美术馆藏

这时东吴的将军周瑜在鄱（pó）阳教练水军，很有谋略，是东吴特出①的人才。鲁肃便请孙权召了周瑜来商议军国大事。于是周瑜应召入都。见了孙权，说道："曹操虽然托名汉相，实是汉贼，我们江东的地方数千里，兵精粮足，正要横行天下，替汉朝铲除奸贼，今曹操自来送死，我们怎可放弃，反要降服他吗？况且曹操的兵，都是北方人，没有习过水战，他们舍却鞍（ān）马，来乘舟楫（jí）②，很是不惯，这真是我们活捉曹操的机会到了，请给我精兵数万，我必然要大破曹兵。"孙权听了，才拿定了主意，说道："曹操老贼，久想篡取汉朝的大位，所怕的是袁绍、袁术、吕布、刘表和我，今他们数人都被曹操所破灭，只剩了我存在，我和曹操，誓不两立了。"于是召集群臣，决定抵御曹兵，孙权拔出佩剑，斫断奏案③的一角，对群臣说道："敢有言投降曹操的，便和此案一样。"

周瑜又对孙权说道："今曹操虽号称八十万众，其实不过十五六万，所得刘表的兵，亦不过七八万，

---

① 特出：特别出众。
② 舟楫（jí）：船和桨，泛指船只。
③ 奏案：用来放奏章的书案。

都打得很疲敝了，不足畏惧，臣请得精兵五万，就足可抵御了。"孙权回说："你的话正合我意，五万兵一时难以集合，我已选了精兵三万人，船只粮草都已预备好了，请你带了鲁肃即刻向前出发，我再当预备军粮陆续接济。"

于是周瑜率领水步兵三万，沿江而上，和曹兵相遇于赤壁。起初和曹兵接战，周瑜果获大胜。曹操引着败兵，退驻江北，周瑜便驻在江的南岸。

周瑜虽然打了一次胜仗，却因曹兵众多，并没受大损失，两下相持，毕竟敌不过曹操，所以心里很为忧闷。后来见曹兵的战舰，因为北方人不惯水性，恐怕船身颠簸（bǒ）^①，把船的首尾，尽用铁环连锁起来，这样虽然免得摇动，但是一船着火，必然把他船延烧尽净。周瑜想了要破曹兵，只有用火攻的一法。

周瑜的部将黄盖，本是受了孙氏的厚恩，此次想图报效，便和周瑜很秘密地商议，诈降曹操，以便从中放火。于是黄盖假意说周瑜道："曹兵众多，我们实在不能为敌，不如早日降服为好。"周瑜听

① 颠簸（bǒ）：上下震荡。

了，也假装大怒，说黄盖意图反叛，扰乱军心，当即令推出斩头。各营将官都跪着替黄盖求饶，周瑜才免了黄盖的死，将黄盖痛打一顿，打得皮开肉绽，很是痛苦。军中的人都吓得战战兢（jīng）兢①，却不知道是他们的计策。早有曹军的侦探，将这消息报告曹操了。

黄盖便写了一封降书，使人送给曹操。内容是说："周瑜小子，不明大势，妄想以江东六郡之人，和中国百万之众对敌，不听忠言，反要残杀忠良，如今自愿弃暗投明，并约了于交战的时候，先带了船只水兵，归降曹军。"曹操果然有几分相信，对来使道："只要不是诈降，将来自当重赏。"

于是黄盖先取了轻便的兵舰十艘，舰中尽藏了燥荻（dí）枯柴②。又灌（guàn）了许多油汁，外面把布幔（màn）遮蔽了，舰的上面，插着许多旗帜。等到交战之日，恰遇着东南风大起，黄盖率了十舰前行，使了兵士齐声大叫道："投降军到了！"曹军的兵士

---

① 战战兢（jīng）兢：形容因害怕而微微发抖的样子。
② 燥荻（dí）枯柴：干燥的荻草，枯干的柴木。指易燃物。荻，荻草，生长在水边。

都出营望着。黄盖到了离曹军两里多的地方，将兵舰一齐发火，火烈风猛，冲入曹军的营中，曹军的兵舰，尽被延烧，岸上的营垒，也被延烧了。曹军大乱，周瑜率了精兵从后面追杀，擂鼓大进，曹兵吓得争先逃命，自相践踏，死的不知其数。曹兵大败，曹操退守南郡。刘备和周瑜合兵共追曹操。曹操抵敌不住，退归中原去了。

自经赤壁之战以后，东吴的势力巩固，后来刘备取得四川，称为蜀汉。中国成了鼎足三分的局面。

赤壁之战是中国历史上的重要战役，在军事史上创造了以少胜多的奇迹，也为后来的三国局面奠定了基础。人们对于赤壁之战的认识往往受到《三国演义》等文学作品的影响，比如著名的草船借箭、诸葛亮借东风等事件，在史书中并无相关记载。记载曹操、刘备事迹的《三国志·武帝纪》《三国志·先主传》中，对于赤壁之战的记载都十分简略。其中《武帝纪》中只提到："公至赤壁，与备战，不利。于是大疫，吏士多死者，乃引军还。备遂有荆州、江南诸郡。"《先主传》："与曹公战于赤壁，大破之，焚其舟船。先主与吴军水陆并进，追到南郡，时又疾疫，北军多死，曹公引归。"关于赤壁之战较为详细的记载见于《三国志·吴志》部分的《周瑜传》《鲁肃传》《黄盖传》等篇目，后来司马光编纂《资治通鉴》，整合各种史料，对于赤壁之战的记载最为系统、详细。

历史原典研读

《资治通鉴·汉纪》汉献帝建安十三年

　　进，与操遇于赤壁。时操军众已有疾疫，初一交战，操军不利，引次江北。瑜等在南岸，瑜部将黄盖曰："今寇众我寡，难与持久。操军方连船舰，首尾相接，可烧而走①也。"乃取蒙冲斗舰十艘，载燥荻（dí）、枯柴、灌油其中，裹以帷幕，上建旌旗，预备走舸（gě），系于其尾。

---

① 走：使……逃跑。

先以书遗①（wèi）操，诈云欲降。时东南风急，盖以十舰最著前，中江举帆，余船以次俱进。操军吏士皆出营立观，指言盖降。去北军二里余，同时发火，火烈风猛，船往如箭，烧尽北船，延及岸上营落。顷之，烟炎张天，人马烧溺死者甚众。瑜等率轻锐继其后，雷鼓大进，北军大坏。操引军从华容道步走，遇泥泞，道不通，天又大风，悉②使赢③兵负草填之，骑乃得过。赢兵为人马所蹈藉④，陷泥中，死者甚众。刘备、周瑜水陆并进，追操至南郡。时操军兼以饥疫，死者太半。操乃留征南将军曹仁、横野将军徐晃守江陵，折冲将军乐进守襄阳，引军北还。

---

① 遗：赠送，送给。
② 悉：都，全。
③ 赢：瘦；疲劳，这里指体弱的。
④ 蹈藉：踩踏，践踏。

诸葛亮的鞠躬尽瘁

在东汉纷乱的时候，湖北襄阳县的隆中村中，住着一个农夫，就是诸葛亮字孔明的。他一面读书，一面耕田，自己觉得很是快乐，常以为自己的才干，可比得古时的管仲、乐毅，但是和人的交接很少，当时的人都不知道他。只有崔州平和徐庶是他很好的朋友，两人异常钦佩，称诸葛孔明确实有治国的才具①。

刘备屯兵小沛，被曹操打得大败，投奔荆州刘表，刘表使刘备屯兵新野。这时刘备为要恢复汉朝，和曹操争天下，急于求贤帮助。徐庶是当时的名士，刘备很敬重他，要请徐庶做帮助。徐庶说道："我的才具，能算什么，如今有诸葛孔明号称卧龙先生的，才是奇才，将军愿见一见他吗？"刘备说："我很愿见，请

① 才具：才能。

给孩子的中国历史故事 2

你带他同来，好吗？"徐庶说："此人品性高超，从不去见王公大人的，只可跑去见他，召他是必不来的。"于是刘备只带着几个亲随，亲自走到隆中，到了诸葛亮住的茅舍里，恰遇着诸葛亮不在家，刘备怏（yàng）怏①地回来。过了一会儿，刘备又去见诸葛亮，仍是没有遇着，但是刘备心里并不生厌，更加欣慕诸葛亮了；等到第三次走到隆中，才得见了诸葛亮。刘备说道："汉室衰微，奸臣害国，我想兴复汉室，锄除奸贼，先生将怎样教我呢？"诸葛亮回说道："曹操拥着百万之众，挟天子以令诸侯，这是不可和他争锋的。孙权据了江东，地势险峻，贤才众多，这只可引为援助，不宜和他为敌。只有荆州地当冲要，刘表的儿子，是不能守住的，将军不要失了机会；还有益州，是富庶②之地，正好建国，刘璋（zhāng）也不能守，将军如果得了荆州和益州，才可和曹操对敌，兴复汉室了。"刘备很是欢喜，从此诸葛亮随着刘备，两人的情感，日益加密。刘备常对人说道："我得了诸葛亮，好比鱼得着水一般。"

---

① 怏（yàng）怏：形容不高兴的神情。
② 富庶：物产丰富，人口众多。

曹操破了荆州，诸葛亮随着刘备走到夏口。刘备使诸葛亮至东吴求救。这时孙权正在拥兵观望，诸葛亮对孙权说道："方今天下大乱，将军（指孙权）起兵，据了江东；刘豫州（刘备做过豫州牧，故称刘豫州）也聚众汉南，共和曹操争天下。如今曹操平定大难，破了荆州，势不可当，所以刘豫州也逃到此地来了。将军自揣（chuǎi）①力量，能和曹操对敌，便要速筹抵御；若是自审力量不及，便要早日投降，今将军外面表示服从，心里怀着犹豫，那就大祸马上要到了。"孙权说："若是照你所说的话，刘豫州怎不投降曹操呢？"诸葛亮回说："刘豫州是汉朝的后裔，盖世的英雄，怎能低首投降曹操呢？"孙权听了，愤然说道："我有全吴之地，十万之众，又岂能受制于人吗？我的主意已决定了，这事要刘豫州才能做我的帮助，但是豫州新败之后，怎样能当这大难呢？"诸葛亮说："刘豫州虽然新败，还有水军万人，曹兵不习水战，又都疲敝了，将军和刘豫州协力同心，必可破灭曹操无疑了。"孙权大喜，命了周瑜带了水兵

① 揣（chuǎi）：估计。

隆中三顾图 现代 徐操 私人藏

三万，诸葛亮随着军行，和刘备合兵，大破曹操的兵于赤壁，刘备才得着江南之地，再行整顿起来。

后来刘备取得四川，在成都称帝，封诸葛亮为丞相，刘备将一切国事，尽听诸葛亮办理。诸葛亮以为蜀地当刘璋懦（nuò）弱之后，养成人民委靡①的习性，便定出很严峻的法令，犯法的定要严厉治罪，一秉至公②处理，把国政治理得很好，人民不但不怨恨他，反而很感激他。他又主张对外联络东吴，共御曹操。

不幸关羽被东吴所杀，刘备亲自带兵去攻打东吴，要替关羽报仇。诸葛亮几次谏阻，都不肯听，刘备果然打得大败，回到白帝城，病得很是危险，就召了诸葛亮来嘱托后事。刘备对诸葛亮说道："你的才能，十倍于曹丕（pī）（曹操的儿子），必能安定国家，成就大业。我的儿子，可以辅佐，你就辅佐他；若是不才，你就自取了。"诸葛亮涕泣回说道："我尽我的忠心，竭我的力量，到死方休。"刘备又告诫（jiè）儿子道："你和丞相同事，当侍奉丞相如父亲一般。"

---

① 委靡：精神不振，意志消沉。同"萎靡"。
② 一秉至公：处理一切事务都出于公心。形容办事公道。

刘备死了，诸葛亮奉了刘备的儿子刘禅（shàn）即帝位，称为后主。

刘后主本是个懦弱昏庸的君主，但是却能听从父亲的命令，把一切国政，尽听诸葛亮治理。诸葛亮为要不辜负刘备的嘱托，便想趁着自己在世的时候，打破曹氏，恢复汉朝，就先和东吴和亲，结为与国①。又以为北伐中原，恐怕南蛮抄袭后面，于是亲自带兵去征伐南蛮。

诸葛亮到了南方，很打了几次胜仗；但是诸葛亮此次征蛮，务要使他们心服，免得后来反复，听得蛮中的领袖孟获，很得蛮人的崇拜，便下令军中，务要活捉孟获。诸将得了命令，都猛勇地前进，果然将孟获活捉了。诸葛亮带了孟获尽观汉军的营阵，问道："你们心服了吗？"孟获回说："我因为不知你军的虚实，所以被你擒获，若只如此，下次定能取胜。"诸葛亮笑说道："我就放了你，下次不要再为我所擒获了。"果将孟获放回蛮中，后来孟获又和汉兵战，连被汉兵擒获七次，诸葛亮每次放孟获回去。到了最

---

① 与国：友好结盟的国家。

末一次，孟获回说诸葛亮道："丞相真是天威，南人以后不再反了。"于是南蛮尽行归服，诸葛亮仍用了蛮中的酋（qiú）长做统帅，蛮人更加悦服。

南蛮既然平定，诸葛亮再加整顿兵马，出师伐魏，魏国派了司马懿率兵抵御。诸葛亮率领诸军，北出汉中，进驻沔（miǎn）阳（属汉中地），命了大将魏延和诸将并兵东下，司马懿领兵二十万，前来应敌，直逼近了沔阳城。这时沔阳城中，兵少力弱，要追回魏延，已来不及了，诸将都惊惶得很，诸葛亮毫不慌忙，命军中偃（yǎn）旗息鼓①，大开城门，自己弹琴作乐，兵士们洒水扫地，表示很安闲的样子。司马懿到了城下，见了这种模样，以为诸葛亮一生谨慎，必然内有伏兵，不敢入城，便引兵向北去了。于是诸葛亮脱了危险，才得会合大军，后来司马懿知道是空城计，顿足悔恨。

于是诸葛亮亲率诸军，出攻祁山，南安、天水、安定三郡，都叛魏降汉，中原震动，魏国的君臣，大为恐惧，后来因为马谡（sù）违了命令，被魏将张

① 偃（yǎn）旗息鼓：放倒军旗，停击战鼓。指军队隐蔽行动。

145

郃（hé）打得大败，诸葛亮只得退回汉中。第一次北伐，没有得着功效。再行整顿军马，又亲自率领，二次出兵祁山，斩杀了魏将王双，军威大振，攻下了武都、阴平二郡，但是因为粮草不能接济，只得退兵而还。以后几次出兵祁山，都因为粮草不继，没有得着功效，诸葛亮就运用心思，造出木牛流马，用机关制成，能自己行动，借此搬运粮草。但是魏兵畏惧蜀兵如虎，只固守阵地，不敢出来交战，诸葛亮急得没法，拿了妇人的衣服使人送给司马懿。司马懿受了这种羞辱，也不以为意。

诸葛亮因为魏军不出来交战，又感着粮食不继的困难，就谋持久的方法，于是将所有兵众，尽行出发，进驻五丈原［今陕西郿（méi）县］，和司马懿隔着一条渭水相对驻扎了。分派兵士，一面耕田，为持久之计，不料诸葛亮只这样相持了百余天，就生病在军中死了。

诸葛亮死后，诸将严守秘密，整队退兵。司马懿得知这个消息，便率兵追赶，蜀将反转旗帜，擂着战鼓，向司马懿进攻。司马懿以为是诸葛亮诈死的计，特引诱他出来的，连忙回兵不出。于是蜀将才得从容

给孩子的中国历史故事 2

地退兵回去了，这时百姓为了这事有一句谚（yàn）语道："死诸葛走生仲达。"（司马懿字仲达。）

蜀兵退走之后，司马懿才知道诸葛亮是真死了，走入蜀兵的营中，见了诸葛亮所布置的营阵，中有八阵图，是从古兵法中推演出来的，不禁叹息说道："诸葛亮真是天下的奇才啊。"

诸葛亮为刘备谋划的隆中对在中国战略史上具有重要地位，本文对其描述较为简略，其主要内容可以概括为：第一步，跨有荆、益，即取得位于今湖北、湖南的荆州，这里是四通八达的战略要地，然后取得包括今四川、重庆、云南、贵州的益州，这里土地肥沃，物产丰富，可以作为发展的根基；第二步，联吴抗曹，即在取得荆、益两州后，与江东的孙权结为联盟，共同对抗北方的曹操；第三步，消灭曹操，争夺天下。而比诸葛亮隆中对更早几年，鲁肃也为孙权谋划了一份争取天下的大策略，主要包含以下几个步骤：一、占据江东；二、击败刘表，吞并荆州；三、向西攻取益州，由此全据长江，对抗曹操；四、击败曹操，统一天下。鲁肃的基本策略亦是先取荆州，次取益州，然后取得天下。这一策略成为孙权向外拓展的基本思路。不过，也需要注意，这些谋略虽然都是深远的，但随着时局的不断变化，最初的计划所需要的主客观条件可能会发生重大变化，这时就需要对谋略做出调整。如诸葛亮及其后继者姜维的北伐，很大程度上并非遵从隆中对的策略，而是听取了刘备入蜀后法正的建议。尽管后来事态的发展并未和这些策略完全一致，但这些策略也极大程度地影响了历史的走向。

历史原典研读

《三国志·鲁肃传》

权即见肃，与语甚悦之。众宾罢退，肃亦辞出，乃独引肃还，合榻对饮。因密议曰："今汉室倾危，四方云扰，孤承父兄余业，思有桓文①之功。君既惠顾②，何以佐之？"肃对曰："昔高帝区区欲尊事义帝而不获者，以项羽为害也。今之曹操，犹昔项羽，将军何由得为桓文乎？肃窃③料之，

---

① 桓文：齐桓公和晋文公的并称。
② 惠顾：光临。
③ 窃：私下，私自。

汉室不可复兴，曹操不可卒①除。为将军计，惟有鼎足江东，以观天下之衅②。规模如此，亦自无嫌。何者？北方诚多务也。因其多务，剿除黄祖，进伐刘表，竟长江所极，据而有之，然后建号帝王以图天下，此高帝之业也。"

《三国志·法正传》

（建安）二十二年，正说先主曰："曹操一举而降张鲁，定汉中，不因此势以图巴、蜀，而留夏侯渊、张郃（hé）屯守，身遽③（jù）北还，此非其智不逮而力不足也，必将内有忧逼④（bī）故耳。今策渊、郃才略，不胜国之将帅，举众往讨，则必可克⑤。克之之日，广农积谷，观衅伺隙，

---

① 卒：突然。
② 衅：征兆。
③ 遽：急促，匆忙。
④ 逼：逼迫。
⑤ 克：攻下，战胜。

上可以倾覆寇敌，尊奖王室，中可以蚕食雍、凉，广拓境土，下可以固守要害，为持久之计。此盖天以与我，时不可失也。"先主善其策，乃率诸将进兵汉中，正亦从行。

扫码可得朗读音频

桥梁书版

给孩子的中国历史故事

汤芸畦　著
单敏捷　审读

从魏晋南北朝到
隋唐两宋

北京联合出版公司
Beijing United Publishing Co.,Ltd.

目录

司马懿在魏国做臣子的时候，就建筑了晋代帝王的基业。他很得曹操的敬服，后来曹操的儿子曹丕，篡了汉朝的位称为文帝，更加信任，用司马懿做大将军兼大都督，掌握兵权。诸葛亮六次出兵祁山[1]，来伐魏国，都是司马懿带兵去抵御的[2]，诸葛亮虽然用尽死力图建功业，毕竟被司马懿抵住，弄得没有成功。因此司马懿的威名，在魏国是没有别人及得上了。魏明帝死的时候，把他的儿子付托司马懿和曹爽两人，同心辅佐，由是司马懿做了太傅的官职，辅佐朝政了。

司马懿在魏国的权势是很大的，这时能和他为敌的就是曹爽。曹爽是魏帝的亲族，很得一部分人的

---

[1] 六出祁山是《三国演义》等文学作品的说法，按照《三国志》的记载，诸葛亮共四次北伐，其中两次出祁山。

[2] 诸葛亮第一次北伐时，司马懿并未参与与蜀军的战斗，司马懿与诸葛亮的直接对阵，始于第二次北伐时。

信仰，并且是同受明帝的遗嘱，正在和司马懿共执政权的。司马懿为想一人专政，便不得不设法把曹爽去掉①，因此两人的嫌隙（xì）②很深。司马懿是一个很机警的人，因为和曹爽有了嫌隙，便即刻装出有病，不理国事了，一面又留心着去掉曹爽的机会。曹爽也心里疑忌司马懿，时时刻刻防备着。

在司马懿称病的时候，有一个河南尹李胜要到荆州去，便来向司马懿辞行。司马懿装出大病的模样，用两个侍婢扶着，以手指口要喝水，喝水的时候，流得满襟透湿，含含糊糊地向李胜道："我年老患病，死在旦夕③了，你现在要到并（bīng）州去，并州是和胡人相近的地方，你要保重；但是我们恐怕不能再相见了，我的两个儿子司马师和司马昭，请你替我照顾。"李胜说："我要到荆州，不是到并州。"司马懿又说："我年老病得糊涂了，说话也听不清了，你今到了荆州，正好建功立业。"

---

① 按照史书的说法，最初先是曹爽要限制司马懿，尊其为太傅，实际上夺去了他的权力，后来曹爽又越来越严密地防备司马懿，并非司马懿主动针对曹爽。
② 嫌隙（xì）：因彼此不满而发生的恶感。
③ 旦夕：早晨和晚上，借指短时间。

李胜辞别了司马懿，便去见曹爽，说道："司马懿是马上要死的人，不必罣虑了。"因此曹爽很放心，不再防备司马懿了。

　　司马懿乘着曹爽没有防备，便暗中布置，和他的儿子司马师秘密商议发兵围攻曹爽的方法。这时正是残冬，探得了新年的元旦，曹爽将和魏帝去谒曹操的陵墓①，便决定了在元旦日举事。到了元旦日的先一晚，又告知了他的儿子司马昭，计议妥（tuǒ）当，只待临时发动。这晚司马懿还命人去视察两个儿子，只见司马师安然睡觉，司马昭就不能安枕。司马懿说道："司马师有这样镇静，是真能成大事的。"

　　新年的元旦日，曹爽和魏帝果然出城去谒拜曹操的陵墓，司马懿便调集将官，演讲曹爽专权的罪恶，立刻带兵出城，一面迎接魏帝，一面捕捉曹爽。司马师在平时也蓄养了敢死之士三千人，此时把他们召集起来，也带了他们，把守城门。曹爽因为一时调不到兵，无从抵敌，就被司马懿的兵捉了②。司马懿加曹爽以谋反的罪名，把曹爽杀了，又把曹爽的党羽也

①　曹爽参谒的是魏明帝曹叡的陵墓，名高平陵。
②　曹爽并非被捉拿，而是主动放弃抵抗。

尽行杀戮，一共杀了几百个官员，由此魏国的朝里，尽是司马懿的私人①，司马懿的势力便远在魏帝之上了。

司马懿死了之后，司马师接掌魏国的政事，他的势焰比司马懿还要大，魏帝异常恐怕②，便和几个忠臣密议，要去掉司马师。这个密议被司马师知道了，登时把几个魏国的忠臣，尽杀死了，还要诛灭三族，又把魏帝废了，改立高贵乡公为帝。魏国的镇东大将军毌（guàn）丘俭、扬州刺史文钦，一同起兵，申讨司马师擅废皇帝的罪。司马师亲自带兵十余万，前来应敌，大获全胜，把毌丘俭杀了，乱事平定。但是在先司马师的眼睛上，生有一个疖瘤（jiēliú），业经医生割治好了，当和文钦打仗的时候，文钦部下有一员猛将，来得很是凶勇，司马师受了一吓，惊得目睛脱出，那时司马师恐摇动了军心，忙把布被蒙盖了，痛得很厉害，把布被嚼得破碎不堪，始终忍住痛，没有发声，左右都不知道有这一回事。回军的时候，又发了病，就在许昌地方病死了。

---

① 私人：因私交、私利而依附于自己的人。
② 恐怕：害怕，担心。

司马师死了，司马昭又接着辅政。镇东大将军诸葛诞（dàn）在淮南起兵反抗，又联络了东吴，声势很大。司马昭奉了魏帝亲自征讨，毕竟司马昭挟着天子为名，召集各州的兵，各州都唯唯听命，没有一个敢响应诸葛诞的，诸葛诞打得大败，还被魏兵杀死了。回京之后，魏帝封司马昭为晋公。自此司马昭之势焰，更属着着逼人，魏帝受了他的压迫，正是无日不在恐怖，他尝对左右人说道："司马昭的心思，路人都知道的。"魏帝不堪受这种压迫，几次想谋抵抗的方法，被司马昭知道了。司马昭使人把魏帝杀了，又立了常道乡公为帝。这时皇帝的位，不过虚名而已，一切权柄，通①在司马氏的手里。司马氏把弄魏国，正和曹操父子把弄汉室一样。

　　司马昭既然把魏国的政权握在手里，就想吞并吴蜀，统一中国。吴国的地势，凭着长江的险要，比较难于进攻，就先图灭蜀国。蜀国自诸葛亮死后，刘后主是一个庸懦的国君，信任了一些小人，自己又不理国事，弄得国政很糟了。司马昭以为是灭蜀的好机会，

---

① 通：全部。

晋武帝司马炎 历代帝王图 唐 阎立本 宋摹本 美国波士顿美术馆藏

便命了邓艾、钟会同领兵伐蜀，蜀国便命姜维领兵御敌。邓艾带兵万余，绕道从阴平山进发，此地的道路，尽是崇山峻岭，只有羊肠小径，异常危险，平常是没有人行走的，邓艾的兵士个个都用绳系着腰间，自山上吊下来的，经过了这阴平山便到了蜀国。邓艾率领兵士过了阴平山，蜀国的人以为邓艾的兵是从天上降下来的，都恐慌得很，邓艾乘势破了江油、绵竹，一直进攻成都。刘后主吓得没有办法，只好向邓艾投降，蜀国自此就被司马氏吞灭了。

司马昭灭了蜀国之后，不久便病死了，他的儿子司马炎接着为晋公，掌理魏国的政事。司马炎就实行把魏帝废了，自立为皇帝，国号叫晋，称为武帝，追尊司马懿为宣帝，司马师为景帝，司马昭为文帝，恢复封建制度，封立一些兄弟子侄为王，有功的臣子为公侯，和周朝的封建诸侯一样。

东吴仗着天险，在司马氏并吞了魏蜀之后，还挣扎了十余年。等到司马炎建立晋朝，把中原布置妥帖了，便大举兴兵伐吴，发兵二十万，水陆并进，出了夏口，平了武昌。王濬（jùn）统着水军兵舰，顺着长江一直攻进建业的石头城下。那时吴主孙皓也是昏懦无能的，晋兵一到城下，就慌得出城投降。自此中国复行一统，三国鼎立的局面，尽被晋朝并吞了。

晋武帝死了之后，是他的儿子惠帝接着为帝。这惠帝是一个暗弱无能的，但是他的妻子贾皇后却很刚强能干。原来惠帝做太子的时候，武帝疑心太子没有能力，有废掉的意思，就来试验太子是否有才，便密封了许多疑难的问题，叫太子回答。太子请了外人代拟答案，尽是引经据典^①，贾皇后看了，心想太子本没有学问，而答案中又是引经据典，必然会被武帝察破是别人枪替^②的，便另请了人做简明的回答，叫太子自己写了。武帝看了，果然欢喜，于是太子的位置才稳固了。

惠帝即位，贾皇后很占权势，引用一班贾家的人做爪牙，一切国政，尽假托惠帝的命令行事，简直把惠帝玩弄在手掌里。太傅杨骏是杨皇太后（武帝的妻）的兄弟，在这时辅佐朝政，贾皇后因忌刻杨骏在朝，妨碍她的专政，便假托惠帝的命令把杨骏诛杀，又把杨皇太后也废为庶人。杨骏被杀之后，便召了汝南王

① 引经据典：引用经典中的语句或故事。
② 枪替：代人答题。

女史箴图（局部）东晋 顾恺之 大英博物馆藏

亮入朝辅政；但是汝南王亮辅政以来，也和贾后常起冲突。贾后便和楚王玮（wěi）商议把汝南王除掉。这楚王玮是当时的卫将军，领有兵权，性极强悍，汝南王亮很畏忌他，本想夺去他的兵权，所以楚王玮也很怀恨汝南王亮，于是一意和贾后合作，就假托惠帝的命令，说汝南王有废立皇帝的计谋，发兵围攻，把汝南王亮杀了。

汝南王被杀之后，一班朝臣极为不满，并且发现是楚王玮假造的命令，就逼迫惠帝捕捉楚王玮下在狱中，处楚王玮以假造命令擅杀大臣的罪，又把楚王玮也杀了。自这两王被杀，还牵累杀了许多大官，一场很大风波，都知道是贾皇后造出来的。

赵王伦当时在朝为太傅，就和齐王冏（jiǒng）一同发兵，围住宫中，废贾皇后为庶人，又把贾后的党羽也尽杀了。自此晋朝的政权尽落在赵王伦手里，统握兵权，掌理国政，任用一班小人，杀戮许多忠良，竟把惠帝幽囚在金墉（yōng）城，篡取惠帝的帝位，自称为皇帝。于是齐王冏、河间王颙（yóng）、成都王颖（yǐng）一同起兵，声讨赵王伦，把赵王伦的兵打得大败，逼近京城，赵王伦自己服毒死了，惠帝才

对教母

楚孙对教

列女仁智图（局部）东晋 顾恺之 宋摹本 北京故宫博物院藏

得又复了原位。

　　杀了赵王伦之后，各方诸侯，云集京中，只有齐王冏统兵数十万，器械精良，军容很盛，惠帝就拜了齐王冏为大司马，辅佐朝政。齐王既掌理朝政，又大事骄傲，车服制度和皇帝一样，自己昏迷于酒色之中，把国事委任在一班小人的手里，朝政弄得很糟了。长沙王乂（yì）又发兵来讨，攻进宫中，捉了齐王冏，当即牵出斩首，还诛杀了齐王冏的党羽，共有两千多人。

　　长沙王乂兴兵的举动，本是河间王颙主使的；原来河间王颙是想嗾（sǒu）使[1] 长沙王乂和齐王冏相斗，待他俩精力疲倦时，自己好得渔人之利，不料长沙王乂竟能一举成功，把齐王冏杀了，眼见得晋朝的政权，就要落到长沙王乂的手里；河间王颙的计划失败，于是愤极了，就联络成都王颖，一同兴兵入京，进攻长沙王乂，长沙王乂也发兵抵御。两方战事，经过好几个月，死伤数万人，京中的粮食缺乏，大起饥荒，东海王越就在京中响应河间王颙，乘长沙王乂没

---

[1] 嗾（sǒu）使：挑动指使（别人做坏事）。

有防备，带领诸将把长沙王乂捉了，就把他杀死。

长沙王乂失败后，就由河间王颙掌理朝政，河间王颙为要酬报成都王颖的功劳，就把惠帝的皇太子废了，立了成都王颖为皇太弟。成都王颖本据在邺（yè）都，自被立为皇太弟，便骄纵异常，车服制度和皇帝一样，俨然一天子了，惠帝就亲自领兵去讨伐成都王颖。但是惠帝的兵，反被成都王的兵打败了，惠帝也被劫至邺都。于是河间王颙、东海王越都起兵勤王①，把惠帝迁至长安，旋又回到洛阳。他们三王都想挟了惠帝以令诸侯，虽则名为勤王，其实没有一个是忠于国家的。后来这三王都被当时的义兵所杀了。

晋朝自经这八王扰乱，国势不振，胡人渐渐强大起来，扰乱中原。后来晋朝的怀、愍（mǐn）二帝，都被胡人捉去，元帝迁都到长江以南的建业，中原之地尽被胡人占据了，从此中国就成为汉族和胡人南北对峙的局面。

---

① 勤王：君主的统治地位动摇时，臣子发兵援救。

文史充电站

　　曹魏为了对抗吴蜀，在边境上设置了一些大的军镇，其中西方的关中、南方的荆州、东南的淮南三镇，常年统有数十万的军队。淮南一镇的核心是邻近淮河的寿春城，都督、东南诸州郡的长官驻地就在这里。在司马氏父子执政时期，淮南先后三次发起反抗司马氏的斗争，其中王凌反司马懿，毌丘俭、文钦反司马师，诸葛诞反司马昭，史称"淮南三叛"。因为历史上多将司马氏取代曹魏视为叛逆篡夺，故而后来有很多人同情三叛，将他们看作魏的忠臣。这一说法确实有其道理，王凌、诸葛诞等人都与魏明帝曹叡或曹爽渊源较深。不过，我们也应当看到，三叛起兵，主要还是为了自己的利益。最直接的证据就是，王凌、毌丘俭先后起兵之时，诸葛诞都是帮助司马氏的，而且出力很多。后来诸葛诞反抗司马氏，正是因为自己的利益受到了威胁。

历史原典研读

《三国志·诸葛诞传》

王凌之阴谋也，太傅司马宣王潜军东伐，以诞为镇东将军、假节都督扬州诸军事，封山阳亭侯。诸葛恪兴东关，遣诞督诸军讨之，与战，不利。还，徙为镇南将军。

后毌丘俭、文钦反，遣使诣诞，招呼豫州士民。诞斩其使，露布天下，令知俭、钦凶逆。大将军司马景王东征，使诞督豫州诸军，渡安风津向寿春。俭、钦之破也，诞先至寿春。寿春中十余万口，闻俭、钦败，恐诛，悉破城门出，流迸山泽，或散走入吴。以诞久在淮南，乃复以为镇东大将军、仪同三司、都督扬州。吴大将孙峻、吕据、留赞等闻淮南乱，会文钦往，乃帅众将钦径至寿春；时诞诸军已至，城不可攻，乃走。诞遣将军蒋班追击之，斩赞，传首，收其印节。进封高平侯，邑三千五百户，转为征东大将军。

诞既与玄、飏（yáng）等至亲，又王凌、毌丘俭累见夷灭，惧不自安，倾帑①（tǎng）藏振施以结众心，厚养亲附及扬州轻侠者数千人为死士。甘露元年冬，吴贼欲向徐堨，计诞所督兵马足以待之，而复请十万众守寿春，又求临淮筑城以备寇，内欲保有淮南。朝廷微知诞有自疑心，以诞旧臣，欲入度之。二年五月，征为司空。诞被诏书，愈恐，遂反。

---

① 帑：指收藏钱财的府库或钱财。

晋朝的时候，胡人已杂居中原内地了，而且有许多胡人在中国受了官职，建立过不少的功业。大约在汉族强盛的时候，胡人是很归顺的，一到汉族不振作时，胡人便崛（jué）强起来。晋朝自八王之乱，国内纷扰，成了胡人兴起的好机会。这时胡人最大的有五种：一叫匈奴，一叫羯（jié），一叫羌（qiāng），一叫氐（dī），一叫鲜卑。这五胡把一个晋朝扰乱得破裂不堪，就是史家所称的"五胡乱晋"。

五胡乱晋的第一声，就是匈奴人刘渊的称帝。刘渊本是匈奴冒顿的后裔，因为汉高祖和匈奴和亲，把宗女给冒顿做妻子，后来冒顿的子孙，就跟着母姓也姓刘氏。刘渊在晋朝时，已居住到山西的汾（fén）河边地了，做过晋朝将军的官职，受过封侯的爵位。八王之乱时，成都王颖劫了惠帝，被各方义兵打得大败，成都王颖便命了刘渊去召集各方的义兵①。刘渊不到两三天的光景，就集合了五万多兵，他便对人说道："做帝王的，岂是天定的吗？我不当做一个汉高祖，也应当做一个魏武帝（曹操）。并且汉朝的恩德很厚，我是汉朝的外甥，从前约了结为兄弟的，我应当继续兄的帝业来做皇帝。"就据了河东，攻破平阳、蒲阪（bǎn），建都于平阳，自称皇帝，国号叫汉。到他的儿子刘聪接着为帝时，发兵攻破晋朝的国都洛阳，把晋怀帝活捉回去了。回军之后，大宴群臣，逼着晋怀帝穿了奴仆的青衣，执壶行酒，把中国的皇帝，当作奴仆看待。后来又攻破了长安，把晋愍帝又活捉回去了。晋朝的天下，到此要算灭亡了，等到司马睿在建业称帝，保持晋朝的名号，不过只保守了江南一角，中原的势力，统归胡人了。后来刘渊的族子②刘曜（yào）接着为帝，改国号叫赵，不久，刘曜被羯人石勒所灭。

---

① 刘渊当时追随成都王司马颖，他建议司马颖征发居住于今山西一带的五部匈奴，司马颖同意了他的提议，便派他回到匈奴人的聚居地，由此刘渊得以迅速聚合起庞大的军队。这些军队并非从各方征召的，主要是五部匈奴。

② 族子：同族兄弟之子。

羌胡出猎图（局部）南宋 陈居中 私人藏

石勒本是羯种人，起初做一个部落的小帅，很不为人所齿，后来被晋朝的官吏捉了，带至山东地方，卖给人家为奴。石勒在做奴隶的时候，因善相马，便交结了一位牧马的牧帅。成都王颖召集义兵时，石勒和那牧帅带了几百匹马，投到成都王的部下，就做了一个都尉的官职。后来又投到刘渊的部下，刘渊封他做将军，便带兵去攻打晋朝，很是骁（xiāo）勇[①]，打了许多胜仗，权势就大起来了。等到刘曜接着为帝时，他便夺取平阳，把刘曜赶走，自己称为皇帝，国号叫赵。

石勒死后，本是传位于他的儿子大雅，但是石勒有一个侄儿，名叫石虎，自小就为石勒养着，生性残忍，少时专好田猎，开弓射箭，无论左右手都是很熟惯的，遇着他发怒时，拿了弹子打人，立刻可以打死。石勒很恶厌他的残暴，本想杀了，以除祸患。石勒的母亲说道："快牛做犊（dú）子[②]的时候，常要弄破车子的，现在稍为忍耐，日后可有用处呢。"等到石虎长成，果然骁勇异常，攻城陷阵，没有人能敌得他

---

① 骁（xiāo）勇：勇猛。
② 犊（dú）子：小牛。

过，但是最好杀人，凡经他攻破的地方，不论好歹，杀得满坑满谷，对待兵士，也异常严酷，动辄（zhé）[①]砍头，所以军纪很严，他的军队也就所向无敌了，石勒便倚赖他做军事的人才，大加宠爱。到石勒死了，大雅继续为帝时，石虎心中不服，以为赵家的天下，是由他征伐得来的，便把大雅杀了，自己称为皇帝。后人说石勒真是"养虎留祸"。

石虎做皇帝不久便死了，他的儿子继位，被汉族人冉闵（mǐn）所灭。冉闵灭了赵国，改国号叫魏，大杀胡羯人，但是不久又被鲜卑族慕容氏灭了。

慕容氏为鲜卑种，先是住在辽东地方，到慕容皝（huàng）时，便强大起来，打败了高丽，兼并了许多地方，国势很盛。听得中原的石氏，内政很乱，就兴兵入关；这时石氏已被冉闵所灭，慕容皝就攻破了冉闵，自称皇帝，国号叫燕。他的疆域，占了河北、山东、山西、辽宁几省的一部分，后来被秦苻（fú）坚所灭。

这时汉族人占得北方势力的，除冉闵以外，还有

① 动辄（zhé）：动不动就。

张重华。张氏本是从前在晋朝做凉州刺史的，自晋朝迁到江南以后，张氏仍然保持他在凉州的势力，和一些胡人对抗，后来他竟自称凉王。他的疆域，包有甘肃、新疆、宁夏几省的一部分，不久，也被秦苻坚灭了。

苻氏本是氐种，他的先祖是历来在西戎做酋长的，到匈奴人刘渊扰乱中国时，苻氏也入了中原，投到刘渊的部下，后来又投到石勒的部下，做过将军的官职，很得石勒的信任。苻氏既有了兵众，就攻取了长安，据了关中，自称皇帝，国号叫秦。传到苻坚继位，把国家的内政，大加整理，用了汉族人王猛做丞相，很是信任，苻坚常说道："我得了王猛，好比刘备得了诸葛亮。"一切朝政，尽由王猛治理。氐种人樊世在苻氏是很有功劳的，见了王猛用事，很是妒忌，曾当着众人辱骂了王猛几次，苻坚知道了，即刻把樊世杀了，由是朝里公卿没有一个不惮服王猛的；王猛得着这样的信任，也就竭力尽忠，把秦国的政事，治理得很好。

在一班胡人扰乱中国据了中原的时候，他们本不知道政治的，只知道田猎游牧，杀人打仗，是他们的惯技，所以他们虽然立国称帝，不久就起争杀，至于灭亡。只有苻坚知道注重内政，用了王猛，借重汉族的文明，来治理国事，由是苻秦的国势很振兴了，灭了慕容氏，吞并了凉国，中国北方尽归苻秦统一了。

苻坚既然统一了北方，就想吞并江南的晋室，统一中国，于是发兵百万，东西万里，水陆并进，自夸兵士众多，说是丢了马鞭可以塞断河流，以为一定可以把弱小的东晋，即刻灭掉。

这时候晋朝用了谢安做宰相，听得秦兵众多，也很惊恐，就命了谢石、谢玄领兵八万前去御敌。谢安是一个儒雅风流从容不迫的人，谢玄领兵出发的时候，向谢安去问退敌的计划，谢安的态度很冷静，和没事人一般，还邀了谢玄去游山水，又要和他下棋，谢玄不敢违拗（ào）①，本来下棋的程度是谢安不及谢玄的，这次谢玄因为边境紧急，哪里有下棋的心思，便输却一盘。

晋兵出发和秦兵相遇的地方，正隔着一条淝（féi）水，两方都靠着河岸摆成阵势，没有一个敢先渡河。

———————————

① 违拗（ào）：违背，有意不依从。

围棋报捷图（局部） 明 尤求 天津博物馆藏

谢石使人对苻坚说道："你们自远方领兵前来，这样靠水列阵，是持久之计，怎能打仗呢？不若你们稍为^①退却，使我们得渡过河来，和你们决一胜负，岂不好吗？"苻坚就令兵士后退，想乘晋兵渡了一半的时候，大举前攻，不料退兵的号令一下，兵士以为打了败仗，便拼命地后退，不能制止，晋兵渡过河来，奋勇追杀，把苻坚的兵打得大败，苻坚也被流矢^②所中，狼狈退回，路旁听得风吹声和鹤唳（lì）声，都以为是晋兵追赶来了，苻坚的百万军队尽行溃（kuì）散^③。

晋兵既得了胜，谢安接到了报捷的信，这时谢安正在和人下棋，看完了信之后，没有一点喜色，等到棋局终了，客问：有什么消息？谢安慢慢地回答道："小儿辈已经破贼了。"但是回到室内的时候，因喜得忘了神，把所着木屐（jī）的齿，被户限^④撞断了。所以有人说："谢安表面上装出镇静的模样，其实心里未尝不急呢。"

中国北方自苻秦在淝水一战失败后，局势大变，

---

① 稍为：稍微。
② 流矢：飞来的乱箭。
③ 溃（kuì）散：被打垮而逃散。
④ 户限：门槛。

从前为苻秦所兼并的都乘势恢复起来，苻秦就一蹶不振，到苻坚死后，被部下乞伏国仁所灭了。

乞伏国仁是鲜卑种，原做苻秦的将官，淝水之战后，就据了陇西，自立为王，国号也叫秦，称为西秦。慕容皝的儿子慕容垂，也在苻坚部下为将官，淝水战后，据了中山（今河北省定州市），恢复燕国，自称燕王。还有氐种人吕光，据了前凉的地方，又自称凉王。后来羌种人姚苌（cháng）灭了后凉、西秦，自称秦王，叫作后秦。又有匈奴人沮渠（Jūqú）[1]蒙逊据了甘肃的一部，自称北凉。

淝水战后，新兴的国家，前仆（pū）后继[2]，约有十多国，中国北方又入了胡人相扰的混乱状态中。经过数十年的光景，才有鲜卑种拓跋（bá）氏把北方诸国统一，和南朝的汉族对峙。

拓跋氏起先也是一个部落，到拓跋珪（guī）的时候，征服了代北诸部落，自称代王，国号叫魏，后来灭了后燕，破了西秦，降了北凉，把中国北方统

---

[1] 沮渠（Jūqú）：复姓。本为匈奴官名，后用作姓氏。
[2] 前仆（pū）后继：前面的人倒下了，后面的人继续跟上去。多用来形容斗争的英勇壮烈。这里表示一个灭亡了，另一个接着兴起。

一了，自称为皇帝。中国南北朝的局面，魏就是北朝的代表。北魏的孝文帝很注意政治，仰慕汉族的文明，把都城迁到洛阳，废止胡人的言语，仿行汉族的姓氏，禁着胡人的衣服，一切制度尽采用汉族的，大兴学校，胡人的子弟一律受汉族的教育，奖励胡汉人互通婚姻，从此胡人便和汉族同化了。所以胡人虽然扰乱中国百余年，汉族没有吃一点亏，反把胡人同化了，这是汉族文化的力量。

与赤壁之战一样，淝水之战也是以少胜多的战役，并且对中国历史产生了重大影响。抛开对垒双方的实力、作战谋略等方面因素来考虑，赤壁之战显示了两汉以来南方的发展成果，这是南方军队能够和曹操抗衡的物质乃至心理基础。同样，淝水之战显示了前秦强大统治下错综复杂的内部矛盾。符坚所组织起来的庞大军队，其中与符坚同族的氐人只占少数。符坚以征服者的身份将各个被统治的民族集中到一起，导致军队的凝聚力严重不足，以至于大军汇集于淝水，稍有风吹草动，军队便溃散而不可控制。符坚统率军队的情形，与后来北魏太武帝拓跋焘（tāo）南征刘宋时相似，刘宋正是利用北魏军队成分太过复杂这一点，让北魏军受到了重创。淝水之战前符坚的力量已相当强大，但北方各少数民族远未充分融合，统一的时机尚未成熟。

历史原典研读

《宋书·臧质传》

　　（元嘉）二十八年正月初，（拓跋）焘自广陵北返，便悉力攻盱眙（xūyí），就质求酒，质封溲（sōu）便与之。焘怒甚，筑长围，一夜便合，开攻道，趣城东北，运东山土石填之。虏又恐城内水路遁走，乃引大船，欲于君山作浮桥，以绝淮道。城内乘舰逆战，大破之。明旦，贼更方舫为桁[①]，

---

① 桁：这里指浮船。

桁上各严兵自卫。城内更击不能禁，遂于军山立桁，水陆路并断。

焘与质书曰："吾今所遣斗兵，尽非我国人，城东北是丁零与胡，南是三秦氐、羌。设使丁零死者，正可减常山、赵郡贼；胡死，正减并州贼；氐、羌死，正减关中贼。卿若杀丁零、胡，无不利。"

……

虏以钩车钩垣楼，城内系以驱绠，数百人叫唤引之，车不能退。既夜，以木桶盛人，悬出城外，截其钩获之。明日，又以冲车攻城，城土坚密，每至，颓落不过数升。虏乃肉薄登城，分番相代，坠而复升，莫有退者，杀伤万计，虏死者与城平。又射杀高梁王。如此三旬，死者过半。焘闻彭城断其归路，京邑遣水军自海入淮，且疾疫死者甚众。二月二日，乃解围遁走。

南北朝的时候，北朝是北魏拓跋氏，在北魏的初年，政治很修明，人民的痛苦程度，比较在汉族统治下的南朝，实在要减轻得多。但是后来的君主，不能继续注重政治，国势就纷乱起来，终于被宇文氏和高氏所篡灭，把北朝的疆土，分作两个国家：宇文氏的国号叫周，高氏的国号叫齐，直到隋朝方才合并南北朝统一起来①。

南朝的统治者，很是复杂，晋朝自迁都江南后，只有一百多年的光景，就被刘裕所灭了。这刘裕的出身是很微贱的，他的家里很贫穷，靠他卖鞋子营生，自然是没有受过高深教育，仅仅能认识几个文字罢了。他又最好赌博，输了又没有钱可以还债，所以常受人的窘（jiǒng）辱，很不为人所齿，后来投入军队

---

① 北周武帝消灭北齐，统一北方，不久杨坚夺取北周皇位，改国号为隋。北方的统一是由北周而非隋完成的。

给孩子的中国历史故事 3

中，打了几次胜仗，便升做了将军，统握兵权了。

这时晋朝的臣子桓玄，废了晋帝，自称皇帝，刘裕便召集各方义兵，征讨桓玄，把桓玄打得大败，晋帝复位，于是刘裕的权势很大，加升大将军，统握全国的兵权了。刘裕又屡立战功，破了长安，灭了后秦，晋帝封他为宋王，没有好久，他便把晋帝废了，自称皇帝，国号叫宋。

宋朝自刘裕死后，国势很纷乱，传位到他的重孙，又被部下萧道成所篡灭了。萧道成也是宋朝统兵的官，当着国内纷乱的时候，立了几次战功，权势一大，便又演出篡位的故事，废了宋帝，自称皇帝，国号叫齐。

萧道成死了之后，不到几十年的光景，又被部下萧衍所篡灭了。萧衍和萧道成并没有宗族的关系，也是以征战的功劳，领兵自大，一到齐帝不能制伏，他便废帝自立，国号叫梁，就是所称的梁武帝。他即位以后，最是崇信佛教，在建业起造一个同泰寺，又在钟山起造一个大爱敬寺，建筑的规模，很是宏大，内容也极华丽，尽是召了一班民夫，替他做工，当时的百姓，很是叫苦。他不但每天到寺里去拜佛，他还舍

弃自己帝王的身价^①，发誓到同泰寺为奴，他的一班臣子，几次上书谏阻，他还是不许，后来他的臣子凑集一些珍奇宝物，送至同泰寺里，向佛祖赎取，他才回到朝里。他去拜佛时，也不着帝王的服装，必然要穿和尚的袈裟（jiāshā），令一些王侯弟子，都要去受佛诫，若是诚心信佛的，他就赏赐以"菩萨"的称号，一班臣子奏表上书时，也要称他为皇帝菩萨。中国自脱离神权时代以后，历代皇帝虽然有崇信佛教的，却都没有这般的诚恳。

他虽然表面上崇信佛教，实在他的行事上和佛教的教义，大相矛盾。佛教的宗旨，首重戒杀的，然而他自做了皇帝以后，还想吞并北朝，统一中国，和北魏的战争，连年不绝，死伤的人数达数十万。那时有个志公和尚，是梁武帝最为倾心崇拜的，志公见了这般的杀戮，心中不忍，就劝梁武帝大建水陆道场，超度亡魂，其实他主要的目的，只是要维持和平，泯（mǐn）灭杀机，不料梁武帝听信他的办法以后，直到现在，一班和尚竟拿了做道场为骗衣骗食的工具了。

---

① 身价：指一个人的社会地位。

梁武帝虽然几次用兵去攻打北魏，但是总没有得到胜利，恰遇着北魏的将官侯景[①]，举兵谋反，侯景派人和梁朝相通，请求援助；武帝以为是图灭北魏的好机会，就出兵援助侯景，被北魏的兵打得大败，自己很是懊悔。

　　侯景于是便归顺了南朝的梁国。侯景是一个阴刻险恶的人，既到了南朝以后，又想推翻梁国，就和梁武帝的侄儿临贺王萧正德相交通，秘密订约，许推倒梁武帝以后，就立正德为皇帝，这正德的皇帝欲念太高，竟信了侯景的欺骗，暗中援助侯景了。侯景就兴兵向梁朝进攻，梁武帝命了萧正德领兵去御敌，正德就和侯景联为一气，引了侯景的兵一直攻进建业城下。梁武帝着了慌，忙闭城坚守，命了一些王公大臣亲自督率兵士和一班百姓分守城门，把佛寺里所藏的钱拿出来做军费。侯景的兵一到城下，便四面包围，筑起土山，向城内进攻，梁朝在城内也筑起土山来御敌，梁武帝命令一些文武官员都要去挑运泥土，每人一天须挑土二十石，于是一些王公大臣也来帮同工作。在

――――――――――

① 侯景是东魏的大将，当时北魏已经不复存在了。

给孩子的中国历史故事

3

这枪炮没有发明的时代，大家齐心协力固守城池，纵有强敌，一时也难于攻下，若是能在外面召到救兵，那么内外夹攻，解围是很容易的。这时梁武帝本有几个儿子封王在外，可以领兵救应的，但是他们各怀妒忌心思，拥兵坐看，不肯出兵，只有邵陵王萧纶，曾发兵来救，在钟山和侯景决战几次，都被侯景打败。侯景围了建业，足有两三个月之久，建业城中的粮食缺乏，大闹饥荒，牛肉狗肉都吃尽了，还捉了老鼠、麻雀也当食品，这种危险自城里发生，就很可怕了。但是侯景的兵也攻得精疲力倦，并且粮食也感觉缺乏，侯景就传信给梁武帝，请武帝封他广陵（今江苏扬州）、谯（qiáo）州（今安徽滁州）两地，他便撤兵讲和。梁武帝便即允许，并且不疑侯景有欺诈的行为，把防御的战备，尽行收去。侯景乘着城里防备疏忽的时候，大举进攻，就攻破了建业城。

　　侯景入了建业，见了梁武帝，很是叹息流泪，外面装出和蔼的态度，仍然奉了梁武帝为主，自请做武帝的义子。自此大权尽落到侯景手里，侯景把梁武帝拘在台城中，和外面断绝消息，也不着人送食物进去。梁武帝几天不吃饥饿得不堪了，便把雀巢里的雀蛋，都取了来充饥，后来竟饿死在台城里。梁武帝崇信佛教，只得到了这样的效果。

梁武帝被侯景逼着饿死之后，梁朝的天下，就此灭亡，梁朝的宗族也都被侯景杀戮。后来陈霸先起兵平定侯景，据了建业，自称皇帝，国号叫陈，传到陈后主时，又被隋朝翦（jiǎn）灭[1]。

自晋朝迁都江南以后，再经宋、齐、梁、陈，都是建都于江南的建业，还有三国时的东吴，也是建都在这里。江南的富丽，再加上帝王的奢华，所以后人称建业（今南京）是六朝金粉之地。

---

[1] 翦（jiǎn）灭：消灭。翦，旧同"剪"。

梁武帝任用侯景，有着复杂的历史背景。自西晋末年中原大乱，东晋偏安江南，从北方向南流亡迁移的流民便成了南方政府对抗北方少数民族政权的重要武装力量。东晋及南朝政府将大量流民编成军队，驻扎在长江以北，淮、汉以南，来抵御北方的少数民族。这些由流民组成的军队也十分悍勇，屡立战功，例如淝水之战中晋军大胜前秦，靠的就是主要由北方流民组成的"北府兵"，后来取代东晋而建立宋的刘裕，以及刘裕的许多重要部下，都是出于北府。随着时间推移，南下的流民过了几代之后，其战斗力便明显下降，难以再为南朝构筑起坚固的防线。梁武帝早年数次尝试北伐，中间双方互有胜负，但结果并无太多收获，南方相对于北方的军事劣势日渐显现。梁武帝也曾采取过其他办法，如建筑起规模庞大的浮山堰，企图拦截淮水，等到水量足够大时将堰北侧挖开，从而水淹北方。然而，耗时多年的浮山堰一朝意外崩塌，大水竟然向南方流去，梁朝的军民蒙受巨大损失。至此，梁武帝基本已无计可施。恰逢此时，东魏大将侯景与东魏的实际掌权人高欢之子高澄发生矛盾，侯景兵败。梁武帝为了得到侯景的精锐部队以及他在北方的影响力，便接纳侯景并安排他驻扎在江淮一带，由此为后来埋下祸根。侯景之乱后，南朝面对北朝已彻底处于劣势地位，而梁武帝接纳侯景并委以重任，根本原因也正是南朝实力不足，需要侯景的力量来对抗北方。

历史原典研读

《资治通鉴·梁纪》梁武帝天监十三年

　　时魏降人王足陈[1]计，求堰淮水以灌寿阳。上以为然，使水工陈承伯、材官将军祖暅（xuǎn）视地形，咸谓"淮内沙士漂轻不坚实，功不可就"。上弗听，发徐、扬民率二十户取五丁以筑之，假太子右卫率康绚都督淮上诸军事，并护堰作于钟离。役人及战士合二十万，南起浮山，北抵

---

[1] 陈：述说。

巉（chán）石，依岸筑土，合脊于中流。

天监十四年

是冬，寒甚，淮、泗尽冻，浮山堰士卒死者什七八。

天监十五年

夏，四月，淮堰成，长九里，下广一百四十丈，上广四十五丈，高二十丈，树以杞柳，军垒列居其上。

或谓康绚曰："四渎，天所以节宣其气，不可久塞，若凿湫（qiū）东注，则游波宽缓，堰得不坏。"绚乃开湫东注。又纵反间于魏曰："梁人所惧开湫，不畏野战。"萧宝寅信之，凿山深五丈，开湫北注，水日夜分流犹不减，魏军竟罢归。水之所及，夹淮方数百里。李崇作浮桥于硖石戍间，又筑魏昌城于八公山东南，以备寿阳城坏。居民散就冈垄，其水清澈，俯视庐舍冢墓，了然在下。

北朝自拓跋魏被高氏和宇文氏分割了，便成立两个国家：一个叫齐，一个叫周。没有好久，齐又被周灭掉了，周就统一了北朝。

　　周朝有一个臣子名叫杨坚，很建立了许多功劳，吞并齐朝也是他带兵去攻破的，权势很大，后来他竟篡了周朝的位，自称皇帝，国号叫隋，称为文帝。

　　隋文帝据了北朝，很能注重政治，把国内治理得很好，国势就强盛起来，北方的突厥（jué）和西方的吐谷（yù）浑，都来称臣进贡，汉族的势力，从此又恢复过来。只有南朝还是陈朝的势力，和隋朝对峙，隋、陈两朝时常信使往来，表面上很是和睦的样子，因此当时的百姓，才得相安了一时。

　　但是陈朝自陈霸先死后，就由他儿子叔宝①继

---

① 陈叔宝是陈霸先的侄孙。

位。这叔宝是个最荒唐的皇帝，他即位不久，便起了临春、结绮（qǐ）、望仙三阁，各高数十丈，都是用沉檀木做成的，四围把金玉珠翠装饰得玲珑灿烂，里面设了珠帘宝帐，陈设的都是珍奇玩物，奢华极了；又在阁的底下，找些奇怪的石子造成假山，引了流水造些池沼（zhǎo），周围更种了许多好看的花木，把这三个阁点缀（zhuì）得好像神仙世界一般。他自己住在临春阁，把他的妃子张丽华住在结绮阁，龚、孔两个贵嫔住在望仙阁，这三个阁都筑了复道，可以相通，他从此沉迷于酒色之中，不问朝政了。

他的妃子张丽华，不仅生得美丽，而且十分聪明，凭她察言观色①、曲意逢迎②的功夫，任便是铁石罗汉③，也没有不被她迷住的。因此陈叔宝常常拥着丽华和一些妃子，饮酒作乐，高兴的时候，还召集了狎（xiá）客（是当时最亲近的文士）和女学士，聚在一块，唱曲作诗，甚至朝臣有什么奏议，他还抱

---

① 察言观色：观察言语脸色来揣摩对方的心意。
② 曲意逢迎：违背自己的本心去迎合别人的意思。
③ 罗汉：阿罗汉的简称，译自梵语 arhat。佛教称已达到修学顶端，断绝了一切嗜欲的僧人。

着丽华，随意处断，于是一班宦官，从中弄权，朝政就很糟了。

隋文帝趁着这好机会，便命了他的儿子晋王广统率五十多万大军去讨伐陈朝。那陈叔宝迷恋酒色，毫无准备，当隋兵攻破了建业城，有人劝他学梁武帝见侯景的故事，准备投降，他还好像没事人一般，很从容地回答说："我自有计。"等到隋兵进了宫门，他却带了一些妃子同出景阳殿，藏在胭脂井里面。后来隋兵追到井边，大声叫他们出来，他一声也不响，隋兵便扬言要将石头打下井去，他于是在井中吓得大叫起来，隋兵就将绳子坠下井去，拉他们上来，当隋兵收绳的时候，觉得异常沉重，及至拉了上来，才知道是陈叔宝和张丽华、孔贵嫔三人捆作一团，这可算是陈朝亡国最后一幕的滑稽（jī）剧了。同时晋王广素来羡慕着张丽华生得千娇百媚，所以当隋兵的先锋队攻进建业的时候，便赶快叫人驰告前军将士，务要活捉张丽华，不料隋兵献俘的时候，他的将官高颎（jiǒng）说道："从前商纣王因为迷恋着妲己以致亡国，所以姜太公打进了商朝，便把妲己杀了；现在这张丽华也生得像妖精一般的媚人，

隋文帝杨坚 历代帝王图 唐 阎立本 宋摹本 美国波士顿美术馆藏

若是留着她，必定要贻（yí）祸①无穷。"他便不顾晋王广的命令，竟把那如花似玉的张丽华杀死了。晋王广得了这个消息，又惊又气！真个是哑子吃黄连——说不出苦来，由是他心里便深深地怀恨高颎了。

隋文帝灭了陈朝，于是中国南北复归统一了。文帝的性质很俭朴，他的太子勇是个很爽直任性而又不会矫（jiǎo）揉造作②的人，有一次，太子勇做了一件很精美的铠甲，被文帝看见了，就很严重地责备了一顿，但是太子勇不知道去迎合父王的意思，以后常有奢华的举动，都被文帝察觉了，从此文帝便很不满意他。文帝的妻子独孤皇后也不喜欢太子勇，常常寻了太子的过失去告诉文帝，因此文帝就有废立太子的意思。

晋王广知道了父王的意思，便想趁此取得太子的地位，他本来是很奢侈淫佚（yì）③的，于是外面装出像俭朴的样子，以博得父王的喜欢。有一次，文帝亲自去看他，他把娇好的姬妾都隐藏着，只留几个老丑

---

① 贻（yí）祸：留下祸害。
② 矫（jiǎo）揉造作：把弯的变成直的，把直的变成弯的，来制造器物。形容过分做作，极不自然。
③ 淫佚（yì）：纵欲放荡。也作"淫逸"。

的，穿了很平常的衣服，在左右侍奉，屏帐都改用素布做的，故意把乐器上的弦线也弄断了，上面的灰尘也不肯拂拭（fúshì）①，这么一来，文帝看见，就很喜欢他了。晋王广又拿出很多钱财去交结朝里一些大臣，替他造出很好的名誉。

隋文帝受了里面独孤皇后和外面大臣的怂恿，竟把太子勇废了，改立晋王广为皇太子。没有好久，独孤皇后死了，文帝又纳了陈霸先的女儿②做妻子，叫作宣华夫人。这宣华夫人生得异常美丽，因此很得文帝的宠爱。

隋文帝年纪已老，又患着大病，很是厉害，于是召了太子和大臣进宫侍奉，太子广就筹划文帝死后的一切办法，去和大臣杨素商量，杨素便一条一条地写出来，着人去送交太子广。不料送信的人误送交了文帝，文帝看了便大发怒，知道太子广是眼巴巴地只望着他死了。

太子广是个淫乱的人，见了宣华夫人的美丽，便百般调戏，后来给文帝知道了，文帝气愤不过，用手

① 拂拭（fúshì）：掸掉或擦掉。
② 宣华夫人并非陈霸先之女，而是其侄孙女。

捶床说道："这种畜生怎么能付托大事？独孤氏真误我了。"便命人召废太子勇进宫。太子广知道了这个消息，忙把召勇的人捉了，关在狱中，发兵守卫宫门，不许出入，将文帝用毒药毒死了。于是宣华夫人屈服于太子广的威力之下，便做了太子广的妃子。

太子广毒死了文帝，又命人去把废太子勇也杀了，便自己即位，后人称为炀帝。他即位以后，就加升了杨素的官爵。隋朝本是建都西安，炀帝因想要到各处游玩，便把洛阳作为东京，命杨素在东京大起宫殿，召集民夫二百余万人，建筑显仁宫，令各州县所产的奇木异石，尽输送东京，还命令天下所有奇花异草珍禽奇兽，都征集起来，点缀园景。炀帝于东西两京之间，随意游玩。

炀帝还羡慕江淮间的繁华，极想到此游乐，感着交通不便，就命人开通运河，联络了洛水、黄河、汴（biàn）水、淮水，从此由洛阳直可通船至江都（今扬州）。两岸都筑了御道，傍植柳树，又从长安到江都，建筑了离宫①四十多处，是预备在路中休息的。

----

① 离宫：皇帝出巡时的住所。

这运河所用的人工共数百万，费时数年，当时百姓，很为叫苦。但是中国南北交通，得了这条河道，就很便利了，后来历代继续疏通，北方可以达天津，南方可以通余杭，在交通上很占重要，直到修筑铁路，效力才比较减少了。

运河既成，炀帝命人到江南造龙舟和杂船万艘。炀帝所坐的龙舟，高四十五尺，长二百尺，内有四层：上层有正殿内殿朝堂；中间两层有一百二十房，都用金玉装饰的，光耀夺目；下层就是宫中的太监所乘坐的。炀帝每一驾幸①江都的时候，自己和后妃宫女乘坐龙舟，还有后宫诸王公主百官僧尼道士分坐杂船，共船几千艘，首尾相接，绵延两百多里，船上所用的挽士②，达八万人之多，两岸还要派了骑兵夹岸而行。所经过的州县，五百里以内，都令献送食物，皇帝贪着游玩，却苦了一些百姓。

炀帝又在洛阳建筑西苑，苑的周围有二百多里，里面积水为海，海中又积土为山，有方丈、蓬莱、瀛（yíng）洲诸山的名目，每个山上都筑有宫殿；海

① 驾幸：指帝王到达某地。
② 挽士：这里指以拉船为生的人。

的北面，就建筑十六个宫院，每院都派一个四品夫人掌管，院中的华丽，都像水晶天宫一般。炀帝常乘着月色皎洁的夜里，带了宫女数千，骑着骏马，在西苑游玩，特制清夜游曲，令宫女在马上合唱起来，真是除了神仙以外，没有这般的快乐。

当炀帝初年的时候，国家富足，四方外族，因惮服中国的威势，都来朝贡，只有高丽有些不奉命令，炀帝曾几次出兵去征高丽，废了几年的工夫，经过多少的战役，才把高丽征服了。炀帝每年召了番族的酋长来朝，齐集在洛阳，陈列百种游戏，歌舞弹唱的人，达一万八千之多，自夜达旦，整整地闹了一月，方才罢去。又故意夸示中国的富足，凡和番族通商的市镇，先命商人收拾得整齐，令番人过酒食店，必邀入使其醉饱，不取番人的钱，以表示中国富饶^①，酒食是照例不取钱的。番人见了很是惊叹，但是有些聪明的，却也知道其中缘故。

炀帝穷奢极侈，连年和外国打仗，弄得民不聊生，于是四方盗贼大起，不能平定，很有许多豪杰，乘势

---

① 富饶：物产多，财富多。

起来，占据州郡，称帝称王。炀帝见了中原扰乱，就避居到江都，图他的快乐。炀帝的臣子李渊起兵于太原，攻破西京，立代王侑（yòu）为皇帝，遥尊炀帝为太上皇。于是炀帝只保了江南一带，不能回中原了。

炀帝在江都，虽然当着危乱，仍旧纵酒荒淫，但是心中究竟不安，常仰头望着天，对着他的妻子萧后说道："外间很有人要谋害我，我们也不管他，得过一日，且图一日的快乐。"说罢，满斟酒杯，饮得醺（xūn）醺大醉。又拿了镜子，反复注视，对着自己的影像说道："我的这个好头颈，将来被哪一个来斫呢？"萧后在旁听了，很是惊讶，忙问他的缘故。炀帝笑答道："贵贱和苦乐，都是自然循环的道理，这又何必伤心呢？"

跟着炀帝的将士，多半是西安人，见了时局扰乱，都有思归的心思。有几个将士正谋逃归，被炀帝知道，将他们杀了，于是激起将士的公愤，推举宇文化及为首领，引兵冲进宫门，执①着炀帝，痛数他的罪恶。炀帝的儿子赵王杲（gǎo）年十三岁，在侧痛哭，将

---

① 执：捉住。

士将杲杀了，血溅到炀帝的衣服上。将士又想杀炀帝，炀帝大声说道："天子死自有法，何须你们用刀，速取鸩（zhèn）酒① 来。"将士不听，就将炀帝缢杀了。炀帝死了之后，李渊平定群雄，天下就归唐朝了。

---

① 鸩（zhèn）酒：毒酒。

隋炀帝杨广的一生与江南颇有渊源。

隋灭陈之战中，数十万隋军皆由杨广统领。南北统一后，杨广长期留驻江南。在江南期间，杨广注意结交江南大族名士，并与陈后主陈叔宝交游甚密。相对于隋朝多数上层人物，杨广表现出了对江南和江南人的特殊关怀，无疑他在江南也是比较得人心的。江南地区在杨广的经营之下，迅速恢复了政治、社会秩序，经济也繁荣起来。灭陈之战与经营江南为后来杨广取代其兄杨勇的太子地位奠定了坚实的政治基础。杨广登基以后，江南又成为他统治全国的后盾。隋炀帝开凿大运河，加强了中原与江南的联系，使得江南财富可以源源不断地供给京师，同时也无意中为他后来四面楚歌之时留下了南逃的退路。尽管有着江南人的支持与同情，与隋炀帝一同南逃的出身于西北贵族集团的宇文化等人，并未等到炀帝与江南士人密切结合起来，就结束了这位历史上著名暴君的生命。

李 渊本是隋朝的太原留守，他有四个儿子：长子建成，次子世民，三子玄霸，四子元吉。内中以世民为最聪明，识量过人，他见了隋朝扰乱，就怀着安天下的大志，倾身①下士，广交天下的豪杰，暗中布置妥当了，便劝父亲起兵；李渊起初听了，大为惊恐，过了一夜，对世民说道："你说的话，我昨晚想了，颇有道理，但是将来惹破家亡身之祸，是由于你，幸而化家为国，也是由于你哩。"于是就在太原起兵，有不从命令的，发兵征讨，把近地都平服了，才发兵去攻取西安。这时西安是代王侑留守，李渊命令将士不得伤害隋朝的宗庙和代王，后来攻破了西安，李渊立了代王侑为皇帝，自己封为唐王。等到隋炀帝在江都被弑之后，就自己立为皇帝，称为

---

① 倾身：身体向前倾。形容对人谦卑恭顺。

高祖，立建成为太子，封世民为秦王、元吉为齐王。

　　李渊称帝以后，各处的群雄，还是占据州郡，称帝称王，唐朝发兵次第平定，经过好几年的战争，才统一了中国。唐朝平定群雄，要算李世民的功劳最大，高祖以为前代的官爵，都不足以酬赏他的功勋①，于是特别封世民为天策上将，位在王公之上。

　　李世民既经尊显，以为国家渐就升平②，便注重文治，开文学馆，延纳一些文学之士，如杜如晦（huì）、房玄龄、虞世南、褚（chǔ）亮、姚思廉、李玄道、蔡永恭、薛元敬、颜相时、苏勖（xù）、于志宁、苏世长、薛牧、李守素、陆德明、孔颖达、盖文达、许敬宗等都延纳为学士。世民时常到馆中去，和这些学士讨论文籍，甚至讨论到夜深，方才回去。世民还叫那善于图画的人，把学士的像尽画出来，加上赞词，装潢（huáng）③成一幅很精美的图画，称为十八学士，当时的人看了，很羡慕，称他们为登瀛洲。

　　李渊起兵的时候，本尽出李世民的计谋，当时李渊和世民说道："将来事成之后，当立你为太子。"世民很诚恳地辞让，所以至李渊称帝，仍是立了建成为太子。建成立为太子以后，喜欢酒色，常出外畋（tián）猎①为乐，元吉也多过失，李渊见了，对于这两个儿子便很不满意；而世民的功劳和名誉，一天一天地继涨增高。建成处着这样的环境，心里很不自安，就和元吉结为一党，一面交结宫内的妃嫔，替他们在高祖前说好；一面谋倾陷②世民的方法，从此他们兄弟的嫌怨很深，后来竟闹出自相残杀的惨祸来。

这时恰有突厥寇边③的消息，建成就荐了元吉带兵去打突厥，元吉又请调了世民部下的精锐一同前往，把世民的势力分散。于是建成又秘密地和元吉道："待你出发的时候，我邀了世民在昆明池和你饯行，乘其不备，使壮士把世民拉死。"两人计议已定，只待行事，不料这个消息，被世民知道了。世民忙去报告高祖，高祖大惊说道："明日我当召来问讯。"世民便做出先发制人④的手段，先发兵埋伏在宫殿中；

---

① 畋（tián）猎：打猎。
② 倾陷：陷害，谋害。
③ 寇边：侵犯边境。
④ 先发制人：先于对手采取行动以获得主动。

给孩子的中国历史故事 3

十八学士图（局部）宋 刘松年 台北「故宫博物院」藏

步辇图（局部）唐 阎立本 北京故宫博物院藏

等到建成、元吉奉召进宫，走入了临湖殿，四围伏兵一齐冲出，世民引弓搭箭追着建成，把建成射死了；世民的部将尉（yù）迟敬德也把元吉射死了。高祖知道闹出这乱子，就下令内外军事都受秦王世民的指挥，于是太子和齐王的部下才不敢乱动。世民见了高祖，伏着高祖的身上号啕①痛哭，高祖安慰了一番，就立世民为皇太子，军国大事尽听太子处理，然后入奏②。

高祖自称太上皇，不理政事，令皇太子世民即帝位，就是唐太宗。唐太宗用了房玄龄、杜如晦、魏征等，辅佐朝政，这房玄龄善于谋略，杜如晦善于决断，魏征善于进谏，太宗都加以极端的信服，把国政治理得很好，百姓安乐，中国自秦汉以来的政治，没有比得上唐太宗的。

太宗即位以后，极力引陈后主、隋炀帝以奢侈亡国为戒，崇尚节俭。有一次命了窦琎（jìn）修理洛阳宫，窦琎凿（záo）池筑山，修理得很华丽，太宗看了，大发怒气，立即命人撤毁，又把窦琎的官职也免了。

---

① 号啕：形容大声哭。
② 入奏：入朝向君主进言或上书。

当时的百姓，因为家给人足①，都过着快乐的日子，并且受了太宗的教化，都保持忠孝仁爱信义和平的美德，这时政体虽然是专制，而政府却是着着为人民谋利益，所以政府和人民很能相信。有一次，太宗亲去点验牢狱里的罪人，见有应处死罪的三百九十人，太宗心里很加怜悯，就放了那犯死罪的都回家去，看看他们的父母妻子，约定明年秋间再来受死刑；等到次年秋间那三百九十人果然一齐回来，没有一个逃避的。太宗以为他们能守信义，便尽赦了他们的罪，又放他们回家了。

　　唐太宗最好的政治，就是喜纳臣下的劝谏，凡臣下说他的过失，他立即改悔。特设监察御史和谏官，无论朝中内外的政事，都令监察御史和谏官负责督察，这是中国古代政治最好的办法，所以孙总理②取了做《五权宪法》中的一权。在唐太宗的臣子中，尤其以魏征善谏，后来魏征死了，太宗很悲恸（tòng）③地说道："以铜为镜，可以正衣冠；以古为镜，可以

────────────

① 家给人足：家家衣食充裕，人人生活富足。
② 孙总理，即孙中山。孙中山先生曾任同盟会总理。
③ 悲恸（tòng）：非常悲哀。

纵囚归狱　彩绘帝鉴图说　明　佚名　法国国家图书馆藏

知道兴衰；以人为镜，可以知道得失；如今魏征死了，我便亡却一面镜子了。"

唐朝的政治修明，不独百姓安乐，四方外族都来归附，一般胡族都尊太宗为天可汗（可汗是胡族君主的称号）。胡族还派了子弟入朝侍奉。有一次太宗奉了太上皇设宴未央宫，命胡族颉（xié）利可汗起舞，南蛮酋长唱歌，太上皇很欢喜地说道："胡越一家，是从古以来所没有的。"太宗捧觞上寿回答道："这是你老教诲的功劳，决不是儿子的才力所能做到的！"从前汉高祖也随了他的太上皇开宴在这未央宫，但是汉高祖很夸示自己的功劳，就很不足取了。看了他们父子这样的快乐，就可见当时汉族的隆盛了。

太宗对于文化也极注重，设有国子监（好像今之大学校，监 jiàn），内筑学舍两千间，有学生数千员，太宗常亲自到国子监和学生们讲论经术，学生能明了一经的，就给以官爵；于是四方来入学的，云集京师，外族高丽、百济（今朝鲜半岛的西南）、高昌（今新疆土鲁番①地）、吐蕃（tǔbō，今西藏）的酋长，都

---

① 土鲁番：现作"吐鲁番"。

派遣子弟留学京师，学生的人数，增加至八千多人。这时的教育和政治，都很发达，要算是汉族的极盛时代了。

太宗在位，有二十多年，一到太宗死后，国势渐渐衰落，后来统兵的将官，占据州郡，不奉命令，成为军阀割据的局面，人民的痛苦就更深了。所以君主政治是靠着君主的好歹，而君主好的少，坏的多，国家升平的日子就很少了，像这唐太宗的政治是很不多见的。现代的民主政治，就是补救这君主政治的弊病而发生的，由君主而民主，也是历史上自然的进化，无论何人不能加以否认的。

文史充电站

　　中唐重要诗人王建有一首传世名作《渡辽水》，描绘了唐朝将士奔赴战场途中渡过辽水的情景，深刻表现了战争中将士的悲苦。全诗最后两句"身在应无回渡日，驻马相看辽水傍"，战士们在奔赴几乎必死的战场之前，只有些许的时间驻马辽水，回望已经远离的故乡，心中泛起最后一抹乡愁，然后又要匆匆向前赶路了。隋唐时期可谓是历史上中原王朝与朝鲜半岛战争最为激烈的时期。隋炀帝三征高句丽，引发了大规模的农民起义，导致国家灭亡。唐太宗征服天下，睥睨四方，被周边各少数民族尊称为"天可汗"，但他接连三次征伐高丽，都未能成功，唐太宗本人也在征高丽途中染病，不久去世。直到高宗时，唐才联合新罗灭高丽，唐的版图得以囊括半岛北部，但安史之乱以后，唐王朝在半岛北部的统治渐渐难以维持。隋唐以后，中原王朝几乎没有再想要出兵征服朝鲜半岛了。

历史原典研读

王建《渡辽水》

渡辽水,此去咸阳五千里。

来时父母知隔生,重著衣裳如送死。

亦有白骨归咸阳,营家各与题本乡。

身在应无回渡日,驻马相看辽水傍。

《旧唐书·东夷高丽传》

(贞观十九年)八月,移营安市城东,李勣(jì)

遂攻安市,拥延寿等降众营其城下以招之。城中人坚守不动，每见太宗旌麾，必乘城鼓噪以拒焉。帝甚怒，李勣曰："请破之日，男子尽诛。"城中闻之，人皆死战。乃令江夏王道宗筑土山，攻其城东南隅；高丽亦埤城增雉以相抗。李勣攻其西面，令抛石撞车坏其楼雉；城中随其崩坏，即立木为栅。道宗以树条苞壤为土，屯积以为山，其中间五道加木，被土于其上，不舍昼夜，渐以逼城。道宗遣果毅都尉傅伏爱领队兵于山顶以防敌，土山自高而陟，排其城，城崩。会伏爱私离所部，高丽百人自颓城而战，遂据有土山而堑断之，积火萦盾以自固。太宗大怒，斩伏爱以徇。命诸将击之，三日不能克。太宗以辽东仓储无几，士卒寒冻，乃诏班师。

安禄山的乱事

唐朝自太宗死后，传过了三代，中经许多的祸乱，国势渐渐衰弱了。再传到玄宗时，起初玄宗很能注意政治，用了姚崇、宋璟（jǐng）做宰相，这两人的治国才能也是很有名的，所以当玄宗的初年，国势又振兴起来。但是后来玄宗改变了初心，自己专重声色的嗜好，把国事不顾了，用了李林甫做宰相，一切政事，尽任李林甫办理。这李林甫是个阴险的小人，既得着玄宗的信任，就把朝中忠心为国的人，尽行去掉，引用了一班自己的心腹，当时的人称李林甫是："口里有蜜，心里藏着剑的。"他还为巩固自己的相位计，他见了从前带兵防边的人，立了大功，可以入朝做宰相，便对玄宗说道："带兵防边，须用胡人为将，一来熟悉情形，二来胡人感恩，必然舍死报国。"这么一来，胡人虽然有功，决不至摇动他的宰相地位，便是李林甫的动机，因此惹出安禄山的祸来。

　　玄宗因信了李林甫的话，便很注意胡人中的将才。安禄山本胡人中流落的子弟，走入中国，冒姓[1]安氏，投身到军队中，打仗很是骁勇，就升做了偏将，而且性情狡猾，最善迎合人意，见着朝中的使者，必要加意逢迎，馈（kuì）送许多的礼物，因此就很有许多人替安禄山造出名誉来。玄宗闻得安禄山的名誉，很是欢喜，就加他都督的官职，后来又升他为范阳节度使（范阳，今河北涿州市）。

　　玄宗以为当时天下升平，所以放弃国事，讲求娱乐，他的后宫，本有宫女三千多人，但是没有一个合他的意：他的儿子寿王的宫中有一个妃子杨氏，是绝色的美貌，玄宗见了，很是倾慕，就设法弄到自己的宫中，拜为女官，号称太真，没有好久，就正式立为贵妃。这杨贵妃生得芙蓉似的面，柳叶似的眉，人见了她，好像磁石引铁一般，没有不为她所吸住的，自她入宫后，六宫的粉黛（dài）[2]，都没有这般颜色，深得玄宗的宠爱，一班宫女因为妒恨杨贵妃的美貌，

---

① 冒姓：假托他人姓氏。
② 粉黛（dài）：搽脸的白粉和画眉的黛墨，借指美女。

就见了娇好的花枝也生厌恶了。

杨贵妃的容貌固然美丽，但是没有狐媚[1]惑人的习气，而且很带几分刚爽的气质。她和玄宗相处，常触犯了玄宗的怒气，她从不肯低头赔罪的。有一次，违忤（wǔ）了玄宗的意，玄宗送她归家，本有决绝的意思，后来玄宗翻悔，又使人赐给杨贵妃膳（shàn）食。杨贵妃对着使者流泪说道："金玉珍玩，都是皇帝赐给我的，我不便献送，只有头发是父母生与我的。"就剪了一把头发交给使者，玄宗见了杨贵妃的头发，大为感动，即刻着人召她还宫，由此更加宠爱她了。杨贵妃喜食生荔枝，荔枝是产自广东，容易坏烂的，玄宗命人用快马传递，由广东送到西安，不到几天，荔枝的色味，还没有变。至于贵妃的衣服，特雇了织绣工人七百人在院中常川[2]制造。玄宗又设了教坊，选了宫女练习音乐，特制霓裳（nícháng）羽衣舞，高兴的时候，杨贵妃也亲自起舞。还设了梨园，令一些优人[3]演唱戏剧，中国的戏剧，是从玄宗开始的。

---

[1] 狐媚：像狐狸精一样妖媚。
[2] 常川：连续不断地。
[3] 优人：旧时称戏曲演员。又称"优伶"。

虢国夫人游春图（局部）　唐　张萱　宋摹本　辽宁省博物馆藏

玄宗和杨贵妃每日在歌舞中欢乐，爱情也自一天一天地浓厚。有一次，他俩于七月七日夜色微茫里，在华清宫内的长生殿上，感着牛郎织女的会少离多，因念人必有死，终有别离的一日，就相抱恸哭，于是两人设誓，愿生生世世结为夫妇。

玄宗因宠爱杨贵妃，凡杨氏兄弟姊妹①都加以极端尊显，封了贵妃的三个姊妹，一个叫虢（guó）国夫人，一个叫秦国夫人，一个叫韩国夫人，都在京师赐给住宅，时常来往宫中，玄宗呼她们为姨姨，很是亲近。三个夫人中，尤其以虢国夫人的容貌最为美丽，每当进宫朝见，不施脂粉，淡扫蛾眉②，越显得娇娇滴滴。杨氏一门得着这种宠幸，竟变移了中国人重男轻女的观念，所以当时民间有两句很流行的话："生男勿喜女勿悲，生女也可壮门楣（méi）。"

安禄山自做了范阳节度使后，常入京朝见，禄山本是狧猯人，在朝见时故意装出憨（hān）态好像很诚实的人，他对玄宗说道："臣是番族戎狄之人，过蒙陛下尊宠，没有材力可图报效，只好预备这身子将

---

① 姊妹：姐妹。
② 蛾眉：蚕蛾之须细而弯，借指美人细而弯的眉毛。

来为陛下替死。"玄宗听了，很为感动。禄山见了皇太子，也不下拜，左右的人催着禄山下拜，禄山说道："我不懂朝廷的礼仪，皇太子是什么官职呢？"玄宗说道："皇太子是我百岁后代我来做你们的君主的。"禄山拜谢回说道："臣只知道有陛下，不知道有太子，真是罪该万死。"忙向太子下拜。玄宗由是更加喜欢禄山，封禄山为东平郡王，加官为河北道采访处置使。禄山又入京朝谢，玄宗先命人在京师替禄山建筑第宅①，而且亲自命令监工的人道："建筑务要华丽，胡儿眼大，不要为他所见笑了。"禄山入京的时候，满朝文武官员以及杨氏兄弟姊妹，都出郊外迎接。禄山入了京师，在新第设宴，玄宗命了宰相和杨氏兄弟姊妹赴宴。禄山知道玄宗宠爱杨贵妃，就白请认为贵妃的养儿，玄宗允许了，由是他得入宫禁②。杨贵妃把锦绣做成大褓襁（bǎoqiǎng）③，包裹着禄山，使宫人用彩舆（yú）抬着，抬进宫中，仿照三朝

---

① 第宅：封建社会官僚显贵的住宅。"第"的本义是次序，秦汉以来由于官僚显贵的住宅自成一区，与平民的住宅规模不同，在等级上有差别，规模宏大的头等住宅称为"甲第"，简称"第"，因而后世称官僚显贵的住宅称为"第"或"第宅"。
② 宫禁：帝王居住的地方。宫中禁卫森严，臣下不得随意出入，故称。
③ 褓襁（bǎoqiǎng）：包裹婴儿的被子和带子，也作"襁褓"。

洗儿的习俗，替禄山洗浴，大开汤饼筵会，欢笑的声音，达于宫外。玄宗听了，问是什么缘故？左右的人回答道："贵妃洗禄儿。"玄宗就赐给贵妃的洗儿金银钱，又重赏赐了禄山一些礼物。自此禄山在宫禁中出入自由，对他的养母杨贵妃更表示异常的亲爱。禄山每次入宫，常是先行拜见杨贵妃，然后才去拜见玄宗，玄宗很觉奇怪，便问禄山的缘故。禄山回答道："臣本番族人，番族的习俗，是先母后父的。"玄宗听了，很是欢喜，便不生疑惑了。

　　杨贵妃的从兄杨国忠，本从军在四川，流落得不能归家了。这时恰遇杨贵妃尊宠，四川的采访使便命了杨国忠入京，交结宫中，·做他的内援。杨国忠得着了好机会，便买了许多蜀锦，带来京师，分赠了杨氏的兄弟姊妹，借着国戚的关系，大事夤（yín）缘[①]，很得玄宗的喜欢，就授他为御史大夫和剑南节度使的官职，后来竟继着李林甫为宰相。

　　在李林甫为宰相时，安禄山很是惮服他的才智，每见着李林甫，虽然是严寒的隆冬，也常汗出沾衣，

[①]　夤（yín）缘：比喻拉拢关系，向上巴结。

所以禄山对于朝廷，不敢失礼。等到杨国忠继任为宰相，禄山就很鄙（bǐ）视他，因此生了嫌隙，两人的仇恨，愈久愈深了。杨国忠挟了嫌隙，便常对玄宗说道："安禄山蓄意谋反，请先为防备。"玄宗不信他的话，仍然优待禄山。杨国忠便百般地挑拨离间，安禄山为他所激动，便不得不反了。

安禄山在范阳领着重兵，本有轻视唐朝的心思，只因玄宗待他优厚，在良心上不敢公然反叛；如今受了杨国忠的激动，便以诛杀杨国忠为名，就起兵南下，当时国内升平，不习兵事，所过州郡，尽被禄山攻破，一直攻陷了洛阳，又发兵向长安进攻，眼见得京师也要攻破了。玄宗着了急，杨国忠主张逃避到四川去，于是命了将军陈玄礼率领六军护卫，玄宗亲带了贵妃姊妹和皇子公主皇孙以及亲近宦官，出长安城，向四川退避。次日走到马嵬（wéi）驿，将士都饥饿得很，大为愤怒，以为这祸是由杨国忠造成的，就把杨国忠杀了，并将韩国、秦国夫人也一并杀了。但是将士的愤怒还没有息，又要求玄宗把杨贵妃也一并正法。玄宗被逼不过，只得命宦官高力士引着杨妃缢杀了。将士见贵妃已死，都顿首谢罪，大呼万岁，然后才整

齐队伍，向四川进发。

　　安禄山入了长安，自称帝号，立了他的长子庆绪为太子，后来他的爱妾生子名庆恩，禄山又想改立庆恩为太子。庆绪恐怕得很，就乘着夜间，自己持了兵器立在帐外，使人执刀入帐中，斫破禄山的腹部，肠尽流出，禄山还去扪（mén）①取枕边的佩刀，没有扪得，大叫道："这是家贼！"又连被斫数刀，立即死了，于是庆绪即位。

　　玄宗退避到四川时，他的儿子肃宗就在灵武（在今甘肃省）即皇帝位。这时唐朝各州郡，有许多起兵讨贼的，就集中灵武，肃宗命了郭子仪和李光弼（bì）领兵去收复失地，毕竟把东西两京都恢复过来，平定了安史之乱，玄宗和肃宗才得回了西京，玄宗自称太上皇，把国事尽交肃宗办理。

---

① 扪（mén）：按，摸。

文史充电站

　　唐玄宗重用胡人为将，简单将之归结为李林甫的奸佞，是不准确的。将安史之乱归咎于任用胡人，也是一种偏见。唐朝不乏胡人名将，如玄宗朝的名将高仙芝、哥舒翰，都不是汉人，就连平定安史之乱的重要将领李光弼也是契丹人。本书中有较多的民族偏见，阅读时需要注意。不过作者的偏见也可以理解。本书成书于民国时期，民国时对于满清丧权辱国有切齿之恨，加之日军侵华，故而会有比较激烈的民族情绪，作为读者还应客观理性看待。唐朝是汉人当皇帝的王朝中，唯一重用胡将的。中原王朝利用少数民族的武力对付更外围的少数民族，古已有之。汉魏晋以来政府多次组织归附的少数民族人口迁至长城以内，一则便于控制，二则让他们对付长城以外的少数民族，但从未有王朝能够任用少数民族将领做边军主将。唐朝之所以能出现高仙芝、李光弼乃至安禄山这样的胡人将领，其实正显示了唐王朝开放包容的气象。至于安禄山作乱，与他是不是胡人没有根本关系，汉人将领掌握军队以后起兵造反并且肆意烧杀抢掠的同样大有人在，汉末的董卓便是如此。

唐朝自经安禄山的乱事后，国势就很衰弱了，河北一带的地方，都被安禄山的降将占据，始终没有恢复过来；国内武人纷起，皇帝不能制伏，只好封他们为节度使①，各据地盘，叫作"藩（fān）镇"，地方上的兵事民事财政，都被藩镇把持了，成为军阀割据的局面，皇帝不过拥着虚名罢了②。等到唐朝的末年，黄巢造反，到处杀人，好容易调兵遣将，并调来沙陀（tuó）部落（沙陀是突厥族的一种，据蒙古）的兵，才把黄巢平定了。但是黄巢平定后，唐朝随即灭亡，开了中国五代史的局面。这五代就是梁、唐、晋、汉、周，都在中原建国称帝；

① 并非是地方武人先有实力才成为节度使，而是这些藩镇本来就是节度使。
② 节度使只是在自己控制的地方上我行我素，那些没有设置节度使的地方，中央还是能够控制的，另外还有相当一部分节度使与中央关系较近，相对来说愿意听从中央的调遣。因此，节度使的自专并不至于使皇帝徒有虚名。

其余中原以外，还建立许多国，都是唐朝的藩镇，称帝称王，战争不绝，当时百姓的困苦，真算到了极点，也是历史上称为极不幸的时代。

由黄巢投降到唐朝的将官朱温，唐朝封他为节度使，镇守河南，他便篡了帝位，国号后梁。同时沙陀部落的首领李克用，战胜黄巢以后，镇守山西，唐朝封他为晋王。这梁晋势力相敌，彼此仇恨，攻打不绝，后来，后梁被李克用的儿子李存勖（xù）灭掉了，并有山西、陕西、河南、河北等处，自称帝号，国号后唐。

外族契（qì）丹占据热河，在唐朝末年，渐渐强盛，后来并合奚族和渤海族，统有热河和东三省，势力就很大了。晋王李克用和契丹首领，交情很好。到后唐时，部将石敬瑭（táng）背叛后唐，引契丹兵南伐，灭了后唐，自称后晋；把河北、山西的北境，割让契丹，做出兵的酬劳品，北京就是那时契丹创立的。契丹不久又引兵南伐，灭掉后晋，改国号叫辽。

辽兵退后，后晋的部将刘知远，据了中原，自称皇帝，国号后汉。不久，后汉被他的部将郭威篡位，国号后周。后来，后周又被他的部将赵匡胤（yìn）

宋太祖座像 北宋 佚名 台北『故宮博物院』藏

篡位，于是五代的局面告了结束，中国才渐渐地归于统一了。

赵匡胤在后周做殿前都指挥使的官职，掌理军政，几次随着郭威的儿子周世宗去征服州郡，立过很大的功劳，于是很得众望，隐隐地做着一部分人的领袖了。有一次，周世宗在文书囊（náng）中，检得一块木头，有三尺多长，木头上写了一行字道："点检做天子。"周世宗看了很是惊奇，因为这时是张永德做殿前都点检的官职，周世宗便疑心这征兆将来必应在张永德身上，就把张永德的官职罢免了，改命赵匡胤做殿前都点检。后来周世宗死了，他的儿子宗训即位。宗训的年龄还小，一切政权，尽在赵匡胤的掌握中了，于是赵匡胤秘密使了他的党羽，实行他的皇帝运动。

这时恰有北汉会合契丹兵入寇[1]的消息，宗训命了赵匡胤率兵御敌。在军队没有出发之前，京中便发生了一种谣言，说："军队出发的一天，将立点检为天子。"一些百姓，都恐慌得很，以为大祸将临，纷

---

[1] 入寇：入侵。

纷出京逃避；只有朝廷中很是定静，和没事一般。赵匡胤领兵自汴京出发，这天晚上，宿营在陈桥驿，有将士出来对大众说道："如今周主幼弱，我们纵然出死力打破了敌人，有谁来顾念我们的功劳呢？不若先行立了点检做天子，然后出兵北上，也不为迟。"大家便都附和起来，于是一齐拥到赵匡胤的寝所，赵匡胤正醉酒酣睡①，忽被惊醒，将士齐声说道："我们无主，愿立点检为皇帝。"赵匡胤还没有回答，被将士们将黄袍已加到身上了，大众罗拜②高呼万岁。又挽了匡胤上马，回转汴京，赵匡胤在马上说道："你们贪图富贵，干这样的大事。但是能服从我的命令，我才可允许；若是不能服从我的命令，我便不能做你们的君主了。"人家都下马回答道："愿服从命令。"赵匡胤又说道："周朝的太后和主上，都是我北面③侍奉的，不得惊犯；朝中公卿都是我的同僚，不得侵凌；都市和府库，不得劫掠；从命的有赏，不从命的便要重罚。"大家都应声道："好。"于是整齐队伍，

①　酣睡：熟睡。
②　罗拜：排列下拜。
③　北面：面向北。古代君主面向南而坐，臣子拜见君主时面向北。

契丹使朝聘 宋人景德四图 佚名 台北『故宫博物院』藏

还入汴京。大众又拥了匡胤升崇元殿，行禅代礼，百官都齐集了，早有翰（hàn）林官陶榖（gǔ）替周主撰好了禅位的文诏，从袖中取出。赵匡胤北面拜受，就升殿即皇帝位，改国号叫宋，称为宋太祖。

宋太祖篡取后周的帝位以后，还有北汉刘钧、南汉刘铱（chǎng）、蜀主孟昶（chǎng）、南唐李璟、吴越王钱俶（chù）都称帝称王，和宋朝对立，后来宋朝渐次平定，才归统一。只有北方的契丹，始终未能平服，后来大为宋朝的祸害。

宋太祖以为历来篡位的，都是掌管兵权的大臣，而他的掌管兵权的人，如石守信、王审琦等，又是他的故人，很有功劳的，因此心里很不自安。一天，召了石守信等一班掌兵大臣，在朝中筵宴，酒酣之后，对他们说道："我若没有你们，我决不能到这地位，但是做了天子很觉艰苦，不如出外做一个节度使，倒还快乐。"石守信等不懂太祖的意思，便问是什么缘故？太祖说道："我的意思，不难知道，就是这皇帝位置，哪一个不想坐呢？"守信等叩头回说道："今天命已定，哪一个敢怀异心呢？"太祖说道："你们纵然没有异心，能保你们的部下不贪图富贵吗？一旦把黄袍加到你们的身上，你们怎样推却呢？"于是守信等领悟了太祖的意思，便自请解除兵柄，太祖封他们都为节度使。自此宋朝掌兵的没有专责，虽然国内不发生篡夺的祸事，但是弄得国势衰弱，后来受制于外族，还是所得不偿所失哩。

宋朝把国内安定了，就先举兵伐蜀，命王全斌率师出发。这时正当严寒的冬季，汴京大雪，太祖设毡帷（zhānwéi）于讲武殿，着了紫貂裘（qiú）帽在殿中视事，忽对左右说道："我这样的被服，还觉寒冷，念着西征将士，冲冒霜雪，怎么能当这严寒呢？"即解了自己的裘帽，遣使者驰送全斌，并慰问诸将。全斌感恩奋发，所向无敌，就破了成都。蜀主孟昶投降，太祖封他为秦国公。

灭蜀之后，又起兵伐南汉，攻破了广州，把南汉主刘铱捉了，送至汴京，太祖封他为恩赦侯，很示优待。但是刘铱从前当国的时候，常用鸩酒毒死臣下。一天，刘铱跟了太祖游讲武池，太祖赐酒给刘铱饮，刘铱以为是毒酒，便哭泣说道："臣罪固当死，但陛下既待臣以不死，臣愿做一布衣之士，以观太平的盛世，此酒实不敢饮。"太祖笑道："我推赤心置人

腹中，哪有这事呢？"即取酒自饮，刘鋹惭愧得很。

南唐主李煜（yù）据了建康，自宋灭南汉后，更为恐慌，就自请去掉南唐国号，称江南国主，时常遣使贡献，对于宋朝很是小心侍奉，宋太祖更令李煜进京朝见，李煜不敢至京，太祖就命了曹彬领兵伐江南。太祖因为从前王全斌伐蜀，多杀了投降的兵士，心里很恨。这次伐江南，太祖对曹彬说道："江南的事，尽委给你，破城之后，切勿多事杀戮。"又赐一剑给曹彬，说道："自副将以下，有不听从命令的，就将这剑斩首。"于是曹彬带兵出发，打败了江南兵，进围建康了。

在围攻建康的时候，有一天，曹彬忽然称病，不理军事了，将士们都惊惶得很，同来问候曹彬的病。曹彬对将士说道："我的病不是药石能治好的，只要你们在破城之后，不乱杀一人，我的病自然好了。"于是将士们都同声应允，并且焚香设誓。次日，曹彬就复行视事。到了破城之后，果然兵不血刃[1]，建康城里的百姓，莫不个个欢喜。李煜降到汴京，太祖封

① 兵不血刃：兵器上没有沾血，指未经战斗而取得胜利。

给孩子的中国历史故事
3

他为违命侯。

吴越王钱俶据了浙江，他对于宋朝本来小心侍奉，等到宋朝灭了南汉和南唐，就更加恭敬，称臣进贡，而且亲自入京朝见，表示倾心归服。当钱俶入京朝见的时候，宋朝的臣子都上书请把钱俶扣留，免得用兵去平吴越。太祖不信臣子的话，很是优待钱俶。到钱俶回吴越的时候，太祖赐给他黄布包袱一个，并且嘱咐道："你到了半路，可将此包开视。"钱俶走到半路，开了包袱看时，里面尽是宋朝臣子请扣留钱俶的奏书。于是钱俶很感激太祖，便死心塌地[1]归附宋朝了。

宋太祖统一了中国，处处都能表示亲爱百姓，所以政治也还不错，就创造了宋朝三百年的帝业。但是因为解除功臣兵柄，把想做皇帝的心理赤裸裸地表现出来，证明人同此心，这就可见君主的制度，早已应该崩溃哩。

---

[1] 死心塌地：形容主意已定，决不改变。

本书作者提及赵匡胤的一系列举动说明做皇帝的心人人皆同，皇帝并没有什么神圣的。在五代和北宋初确实如此。当然，帝制在赵匡胤之后又延续了近一千年，说明它仍然是有活力的，虽然当时遇到了危机，但是还不至于到将要崩溃的时候。赵匡胤登基，仅仅是因为部下们一拥而上，让他黄袍加身。赵匡胤又担心部将们复制一遍自己黄袍加身的经历，把自家的帝位夺去了，于是杯酒释兵权。后来赵匡胤死后，其子并未继位，而是其弟赵光义登基。黄袍加身和杯酒释兵权，在中国历史上可谓绝无仅有。后晋节度使安重荣曾言："天子兵强马壮者当为之，宁有种耶！"这句话很好地反映了五代时人们的思想。赵匡胤称帝，不需要像魏晋南北朝时期那样经过繁复的禅让程序，直接黄袍披在身上，就已经是天子了。因为当时人们对于天子已经没有了先前那样的敬畏之心，赵匡胤担心他的部下效仿自己，正是因为他自己的皇位是全凭武力作为保障，毫无道义基础。

宋朝自太祖平定了各国，只有辽国仍然雄长①北方，和宋朝对敌，把中国又分作南北朝的局面，河北和山西两省的地方，是当时宋辽两国的竞争场。后来宋朝和辽国讲和，南朝为兄，北朝为弟，但是宋朝还要每年纳几十万的岁币②，给与辽国。

还有西夏国本是西蕃部落，部长是唐末的藩镇，子孙相传，宋朝赐姓为赵，渐渐强盛起来，占了陕甘边地和河套地方，独立称帝；宋朝屡次攻打，都不能得利，便彼此讲和，约宋朝为父，西夏为子，但是宋朝也每年要纳几十万的岁币，给与西夏。

这时宋朝虽然名义上是和外国讲和，其实是受外族的压迫，所订立的条约，尽是丧权辱国的条约，不

① 雄长：称雄。
② 岁币：宋朝对辽、西夏、金交纳的财物。

但割让土地，而且每年要纳一定的岁币，送给外国，把百姓的血汗，供给外族无厌①的要求，到底还是不能满足外族侵略的野心，不到国破家亡，外族的侵略，是不能休止的。

宋朝处着这种时势，自然应该按照当时的环境，改变方法，把国内整理，自谋富强，才可抵御外族，救得国家的危亡。但是当时的大臣如韩琦、司马光等，都还在醉生梦死②之中，只知固守中国数千年治国的旧法，不肯丝毫改变。这时只有王安石是明了国家政治的人③，他见了国家岌（jí）岌④可危的情状，就想出救国的方法来。

王安石是宋朝特出的人才，他在少年的时候，就嗜好读书，很留心古今社会政治的情形，所发表的文章和政见，常是惊动一班守旧先生的头脑，他的文章在中国文学史上是很有名的，就是现在所称"唐宋八大家"中的一个。在他初入政界时，便做鄞（yín）

---

① 无厌：不满足，没有限止。
② 醉生梦死：像喝醉酒和在睡梦中那样，糊里糊涂地生活着。
③ 韩琦、司马光等人也是北宋优秀的政治家，他们与王安石政见不一，但说他们只知道醉生梦死，不仅是对政治人物的评价太过简单化，而且对于韩琦、司马光等人也极为不公平。
④ 岌（jí）岌：形容十分危险，快要倾覆或灭亡。

独乐园图（局部）明 仇英 美国克利夫兰艺术博物馆藏

县（属浙江省）的县官，到任以后，注意富国利民的方法，修筑堤堰（yàn），开决陂（bēi）塘①，对于水利的事业，极力提倡，替农民谋得许多的利益；又把公家的谷借给民间，春放秋收，一般农民得着很大的便宜，鄞县经他治理，真是家给人足，莫不个个称颂，这就是他的政治理想，运用到实验上的初步。

他从此相信要图国家富强，挽救危亡，非尽变旧法改行新法不可。这时是英宗皇帝当国，调他服官京中，他便上了万言书，洋洋洒洒，详说治国的方法，不宜死守先王的法度，要遵照先王治国的本意，而加以改变，使人民个个得尽其能力，以生无穷之利。英宗见了，虽然称赏，但是为一班守旧派所把持，不敢信用②。安石在朝，遇事都有独见③，必据理力争，从不肯附和他人的。有一次，出了一桩命案，是一个少年犯了杀人罪，因为这少年养了一只鹌鹑（ānchún），他的朋友向他要这鹌鹑，少年不肯，他的朋友恃着平日是和他很要好的友谊，就虽然没有得到他的允许，

---

① 陂（bēi）塘：池塘。
② 信用：信任并任用。
③ 独见：独到的见解。

竟公然取着鹌鹑走了，这少年追了上去，竟把他的朋友杀死了。于是朝中的刑官，论这少年犯了杀人罪，应当处以死刑。王安石便加以极端的反对，他的反对理由是：按照法律，无论是公然取去还是私自窃去都可以叫盗；今不得人的允许，便自取了去，自然也是窃盗行为了；那么，这少年追杀他的朋友，便是因捕盗而杀盗了，就不当处以死刑。后来这案经过审刑大理官的审判，竟维持刑官的原判，把那少年处死了。还论安石议论过激，令他入朝谢罪。安石自以无罪，抗不奉命；御史官又奏安石的违抗，但是英宗不加以追问，这事也就罢了。安石在朝，对于一些大臣，也是用这种刚直的态度，所以很不得大臣的悦服，后来因不安于位，竟自动地辞职了。

英宗死了，神宗即位。神宗是素来闻得安石的名誉，很钦佩他的才干的，即位以后，极想整理国政，以图自强；就召了安石入京，问他治国的方法。安石回答说："现在的儒者，都是世俗的庸人，不知道世务，他们的话切不可听；如今最重要的，是要改变风俗，更立法度，才可图得自强，以救国家的危亡。"神宗听了很以为然，就命安石为宰相，治理一切国政。

浴马图（局部） 元 赵孟頫 北京故宫博物院藏

王安石既得着神宗的信任，拿了国家的大权，便斟酌（zhēnzhuó）当时情形，立出许多新法来。他的新法的本意，也是力求解决民生问题，以及谋自卫的方法。但是当时宋朝的经济情形，是农业社会的经济，没受丝毫工业经济的影响，社会问题就很简单，所以他的新法便只注重发展农业和便利农民，同时在农村中藏着军备。这种方法，实在是适合当时的环境，假使得着国人的同情，由信仰生出很大的力量，就可以打破外族的侵略，报仇雪耻，何至宋朝的天下反为外族所灭亡呢！

安石所立的新法，有农田、水利、青苗、均输、保甲、免役、市易、保马、方田等法，都派了官吏，专司其责，颁行全国了。

农田法是开拓荒地，讲求农业，为发展农业的根本。

水利法是疏河筑堤、开凿池塘等，专务讲求水利。

青苗法是把公家藏谷卖作青苗钱，春天播种的时候，借给农民，到秋间收获了，令农民出息偿还。

均输法是各地的产物应供给京师的，不必在原地输送产物，可在京师附近购买，或在他处采买价值便宜的同样产物。

保甲法是把乡村的农民，二丁取一，十家为保，保丁都给以兵器，使他们练习战阵的武备。

免役法是不能充役的人，就按照他的家产的高下，令其出钱雇人充役。

市易法是人民可向公家借钱，但须纳田宅或金帛为抵押，偿还时纳息二分；过期不还，须纳一定的罚金。

保马法是每保中有愿养马的，由公家给马一匹，公家每岁派人视察，马肥的给赏；马病死的，就令其赔偿。

方田法是量土地的肥瘠（jí），定出等级，再按等级抽收租税。

新法颁行了，大为守旧派所反对；而安石所用的人，又不免有贪官污吏从中舞弊（bì），于是不独没有效力，而且大失民众的信仰，百姓也发出怨恨之声了。

这时的守旧派，只知道摭（zhí）拾[1]了前人"仁

给孩子的中国历史故事

3

---

[1] 摭（zhí）拾：拾，捡（多指袭用现成的事例或词句）。

宋神宗坐像图 北宋 佚名 台北『故宫博物院』藏

义教民"的政教，哪里顾及民生国计和急谋自强以图抵御外族的方法，而且不脱神权时代的习俗，遇着水旱天灾和山岳崩坏，都指为安石的新法乱国，激动天变，不断地向神宗请罢止新法。这时的文学家苏洵（xún）也是守旧派的中坚分子，作了一篇《辨奸论》，指王安石为大奸慝（tè）①，竟比之于竖刁易牙。神宗受着这种包围，后来竟把新法罢止了。

宋朝自此国势不振，外族的侵略，一天一天地加紧，后来徽宗、钦宗两个皇帝，都被金人捉去，国家竟被外族灭亡了。

① 大奸慝（tè）：非常奸恶的人。

说起北宋一朝的政治，"祖宗之法"的问题
是绕不过去的。自太祖、太宗以来，北宋朝政中
渐渐形成了一系列的"祖宗之法"。它一方面是
对前代政治得失、经验教训的总结，能够为宋朝
君臣治理国家提供重要参考，另一方面大臣也可
以借助"祖宗之法"来抑制皇权，尽可能地实
现"君臣共治"。两宋时期君臣关系较为和谐，
"祖宗之法"扮演了重要角色。到了北宋中期，
由于官僚机构和军队规模庞大，开支甚巨，却又
效率低下，因而支持制度改革的声音就在朝堂
上下时常出现。然而，若要改革制度，必须要破
除"祖宗之法"。"祖宗之法"中有很多确实能
够帮助维系政治、社会秩序的内容可能也会遭到
抛弃，大臣们也会渐渐失去制衡皇帝的有效武
器。因此，客观来看，改革与守旧都有其道理，
并不是简单的是非之分。对于改革派与守旧派的
认识，我们也可以从两派的重要人物王安石与司
马光来看。两人在政治上的见解完全相反，互相

视对方为荒谬至极，他们之间的政治斗争十分激烈。两人在得势的时候，虽然都极力反对对方的政治主张，但对政敌本人并未落井下石，反而互相肯定对方的为人。王安石变法未能推行，有着多方面主客观的原因，不能因此过于苛责司马光等人。

历史原典研读

司马光《与王介甫第二书》

光以荷眷之久，诚不忍视天下之议论汹汹，是敢献荩言于左右，意谓纵未弃绝，其取诟辱必矣。不谓介甫乃赐之诲笔，存慰温厚，虽未肯信用其言，亦不辱而绝之，足见君子宽大之德过人远甚也。光虽未尽晓孟子，至于义利之说，殊为明白，介甫或更有他解，亦恐似用心太过也。传曰："作法于凉①，其弊犹贪；作法于贪，弊将若何？"

---

① 凉：凉薄。

今四方丰稔①（rěn），县官复散钱与之，安有父子不相见，兄弟离散之事。光所言者，乃在数年之后，常平法既坏，内藏库又空，百姓家家于常赋之外，更增息钱、役钱。又言利者见前人以聚敛得好官，后来者必竞生新意，以朘②（juān）民之膏泽。日甚一日，民产既竭，小值水旱，则光所言者，介甫且亲见之，知其不为过论也。当是之时，愿毋罪岁而已。感发而言，重有喋喋③，负罪益深。

王安石《答司马谏议书》

某启：昨日蒙教，窃以为与君实游处相好之日久，而议事每不合，所操之术多异故也。虽欲强聒（guō），终必不蒙见察，故略上报，不复一一自辨。重念蒙君实视遇厚，于反复不宜

---

① 稔：庄稼成熟。
② 朘：剥削。
③ 喋喋：言语烦琐。

卤莽^①（lǔmǎng），故今具道所以，冀君实或见恕也。

盖儒者所争，尤在于名实。名实已明，而天下之理得矣。今君实所以见教者，以为侵官、生事、征利、拒谏，以致天下怨谤也。某则以谓受命于人主，议法度而修之于朝廷，以授之于有司，不为侵官；举先王之政，以兴利除弊，不为生事；为天下理财，不为征利；辟邪说，难^②壬人，不为拒谏。至于怨谤之多，则固前知其如此也。

人习于苟且非一日，士大夫多以不恤国事、同俗自媚于众为善。上乃欲变此，而某不量敌之众寡，欲出力助上以抗之，则众何为而不汹汹然？盘庚之迁，胥^③（xū）怨者民也，非特朝廷士大夫

---

① 卤莽：马虎。
② 难：诘责，质问。
③ 胥：皆；都。

而已。盘庚不为怨者故改其度^①，度义^②而后动，是^③而不见可悔故也。如君实责我以在位久，未能助上大有为，以膏泽斯民，则某知罪矣。如曰今日当一切不事事^④，守前所为而已，则非某之所敢知。

无由会晤，不任区区向往之至。

---

① 度：章程，这里指迁都的计划。
② 度义：考虑（迁都）合乎正义或公益。
③ 是：正确的，这里指认为正确的。
④ 事事：做事。

宋朝自徽宗和钦宗两个皇帝，都被金人掳（lǔ）去，中原地方，就属于金人的势力范围了。高宗逃避到浙江，即了帝位，保持着宋朝的名义，后人称为南宋。

南宋虽然是偏安[①]的局面，然而文化很是发达，在中国的学术史上，很占了重要的位置，尤其是于儒家的道学，把微言妙义，很研究得详尽，承接了孔子、孟子的道统，为后代所尊崇；在这南宋的道学家[②]，以朱熹为最重要。

朱熹的故乡，本是安徽婺（wù）源县，当他生了才能说话的时候，他的父亲指着天上教他道："这是天。"他便回问道："天的上面，还有什么东西？"

---

① 偏安：指封建王朝失去中原而苟安于仅存的部分领土。
② 这里的"道"并非道家所讲的"道"，而是儒家治国平天下的"道"，宋代的道学家，也不是道家思想的信徒，而是孔孟的追随者。

他的父亲竟被这初生小儿难着不能回答了。他幼时常和一些小孩在沙滩上游戏，他独端端正正地坐了，把指头在沙上乱画；他的父亲去看他所画的，尽是八卦。因此他的父亲很觉奇异，就令他去随从当时有名的学者求学。不久，他的父亲死了，而他还是少年，不能自立，家里又极贫穷，便往倚靠他的父亲的朋友过活。他虽然处着这种艰苦的境遇，但是不能挠折他的求学志向，他更刻苦奋励。这时罗从彦（yàn）是有名的学者，和他相隔很远，他仰慕罗从彦的学问，步行几百里，去从罗从彦求学。因此他的造就^①很深，更进而研究哲理的学问。他的求学大要，就是每遇一事一物，必要穷究其理，《大学》上所称的"格物致知"，就是这个意思。

中国儒家是以经书为最重要，所以自汉朝儒学大兴以后，历代的儒生都要研究经书；但是经书本是古代文字，后人多不容易懂得，要请博士^②先生加以讲授，因此历代名儒解释经书的著作很多。汉朝的儒

---

① 造就：造诣，成就。
② 博士：官名。汉初，博士的主要职责是掌管图书，通古今，以备顾问。汉武帝时，设五经博士。自武帝后，博士专门负责传授经学。

家，研究经书是很有名的；东汉郑玄把《诗》《书》《易》《礼》《春秋》五经，都做了注解，在中国儒学界有很大的贡献，所以有"汉学"的名称；但是只就了字句间解释得详细，而于经书中的义理，却少发明。

朱熹怀着昌明儒学的大志，要矫正汉学的错误，便把经书中精微的义理，详细研究。原来经书中有四部书，是儒学义理的精华：一名《论语》，是孔子说的话；二名《孟子》，是孔子的私淑（shū）弟子①孟子说的话；三名《大学》，说是孔子的弟子曾子传下的；四名《中庸》，说是孔子的孙儿子思传下的。这四部书，讲的都是人伦道德和各种精微的义理。朱熹对于这四部书，用尽很大的心力，发出许多的精义，而且把这四书，都从新加以注解，还对于《诗经》《书经》《易经》和古代圣贤的哲学，都有详细的研究和发挥心得的著作。因此朱熹的名誉，一天一天地高涨，负着大儒的盛名了。四方的学者，都来奉他为师。

他对于做官，是不大情愿的，朝廷虽然几次召他去做官，他常是很诚恳地辞让。他虽然家里贫穷，过

① 私淑（shū）弟子：未亲自受业的弟子。

听琴图（局部）北宋 赵佶 北京故宫博物院藏

着那箪瓢（dānpiáo）陋巷①的生活，倒觉得很快乐。他的一班学生，有许多是从远方来的，跟了他吃的是藜（lí）羹豆饭②，也不以为苦。他教学生的方法，并不是教作文章，而是教做人的道理。他常对学生说道："古时圣人千言万语，只是教人做人罢了。"又说道："学了就要切实去做，不是只凭口里说得；若是不要去做，只凭口说，那么，从前七十子跟着孔子，只消孔子两天工夫就可说尽了，何必跟着孔子多年不去呢？"

朝廷因为他的名誉很大，几次召他去做官，他违拗不过，就应召做了几次不重要的官职。这时金人占据中原，势力很大，朝中大臣，只图苟安，主张与金人讲和。朱熹便上书皇帝，以为金人是不共戴天③的仇怨，应该亟谋备战，以图报仇雪耻，不宜讲和。又说皇帝宜屏（bǐng）除④人欲，扩充天理，和许多治

---

① 箪瓢（dānpiáo）陋巷：形容生活清苦。典出《论语·雍也》，孔子赞扬颜回："一箪食，一瓢饮，在陋巷，人不堪其忧，回也不改其乐。"箪，盛饭的圆形竹器。
② 藜（lí）羹豆饭：用嫩藜煮成的羹，用豆做的饭。泛指粗劣的饭菜。藜，草本植物，嫩叶可以吃。
③ 不共戴天：不愿跟仇敌在同一个天底下活着，形容仇怨极深。
④ 屏（bǐng）除：排除，除去。

国的方法。当朱熹入朝的时候，有人对朱熹说道："正心诚意之说，是当今皇帝所不愿听的，你不要发这种议论。"朱熹回说道："我一生所学，就在这四个字，怎能隐默以欺君呢？"朱熹在朝，因为议论正大，很不为一班小人所悦服，于是被小人指为伪学。同时有人上书皇帝，说朱熹本无学问，不过拾了前人的绪余，自称道学，带了学生数十人，到处游历，妄学孔孟的周游列国，请办朱熹以虚伪的罪。幸而皇帝不肯深信，没有难为他。但是朱熹在朝不久，便自动辞职了。

朱熹辞职以后，名誉更其大了，四方的学者来从他学的，也愈加多了。他和学生们除了研究学问以外，还要议论当时的政治；因此更惹起朝中大臣的嫉恶。于是有附和朝里大臣的人，又上书皇帝，指伪学朱熹自辞官后，更为猖獗（jué）①，结成党羽，图谋反叛，请把朱熹斩首，以绝乱根。这个消息一出，就轰动了全社会，因为信仰朱熹的人很多，大家都恐怕受牵连的罪，其中胆怯的，就纷纷逃至他乡躲避；甚至有脱却儒者衣冠，故意走入市井中，做狎邪②的游戏，以

---

① 猖獗（jué）：凶猛而放肆。
② 狎邪：不正派。

桃源仙境图（局部）明 仇英 天津博物馆藏

文公先生像

表示脱离儒党的。只有朱熹还是和他的一班学生，讲学不止。有人劝他把学生解散；他笑了一笑，一句话也不回答。后来朝中有人替他辩护，他才得着安全。

朱熹活到七十岁就死了，当办丧事的时候，四方学生都相约齐来会葬。朝中大臣以为学生们齐集了，又要议论朝政的得失，就下令禁止，不准学生集合，实行强力制止；这时学生的团结力不坚固，果然被朝廷的暴力压住了。

后来朝中的小人退去，才知道朱熹是真正大儒家，封他为徽国文公，以后历代加以尊崇，至称孔孟以后，朱熹接着儒家的正统。凡儿童上学，都要读朱熹所注的《四书》。一切经义，都要以朱熹的著作为依归，"宋学"的名义便因此而起，他的价值，也超过汉学之上了。

汉学与宋学是中国儒学史上的两大流派。汉学注重考究经书的本义，对于其中的名物制度较为注意，在义理上阐发相对较少。宋学正相反，主要讨论天道人伦。两者之间的明显差异是不同的指导思想导致的。孟子云"人皆可以为尧舜"，那么如何让人们都做尧舜呢？有一派认为要研习儒家经典，以五经为主，国家和人民根据五经来规范自己的行为，因此必须要明白五经的确切含义，才可以在现实中实行。这是汉学一派的内在逻辑。另一派认为五经太过古奥庞杂，一个人花上一辈子时间也未必能精通一经，更何况五经？他们认为儒家思想的精髓在四书之中，通过学习四书就可以明晓天理人伦，从而达到修身、齐家、治国、平天下的目的。这便是宋学的指导思想。宋以前，学者尤重五经，自朱熹为四书集注，四书的地位便渐渐高于五经了。

南宋高宗因避金人的扰乱，从汴京逃到浙江，即了帝位，金兵还是穷追不舍，定想灭掉宋朝。在这岌岌可危的时候，幸赖着岳飞把金兵打退，撑持了南宋偏安的局面。但是以岳飞的才干，本可以恢复中原，报仇雪耻；不幸被卖国奸臣秦桧（huì）所害死，使千载以后的人，都要替着岳飞掉几点伤心泪，如今把这段伤心史述来。

岳飞在少年时，发愤求学，最好研究《左氏春秋》和《孙吴兵法》；又生有神力，能挽三百斤的弓。他从了周同学射，尽得了周同的射法；后来周同死了，他每逢朔望①，必要在家中设位致祭，因此当时都称赞岳飞是重义的人。这时国家多难，岳飞怀着文武全才，就自请投入军中做敢死士，冲锋陷阵，很是骁勇，

———————————

① 朔望：农历中每月的初一与十五。

立过不少的功劳。

宗泽做汴京留守，见了岳飞，大加称赏，对岳飞说道："你的智勇，是古来良将所不及的；但是你好野战，太觉危险了。"就教导岳飞以战阵的方法。岳飞回说道："阵法是兵家的常道，但是运用的妙处，应存乎一心哩。"宗泽听了，很是佩服。自此岳飞便做宗泽的部将，这时汴京是大受金兵的逼迫，岳飞屡次带兵抵敌，都得着大胜。有一次，和金兵在汜（sì）水关大战，岳飞射死了金将，大破金兵；但是金兵众多，仍然和岳飞相持，岳飞选了精锐三百人，伏在山下，令每人备了两把柴薪（xīn），做成交义①，夜间四端点起火来，金兵望见，疑为加了援兵，便大惊恐，岳飞乘势进攻，金兵不战自溃，从此不敢逼着汴京了。后来宗泽病死，杜充接守汴京，因恐怕金兵的势焰，要退守建康。岳飞说道："中原之地，尺寸不可弃掉，我们一举足，此地就不归我们所有了。"杜充不听，毕竟退守建康，岳飞没法，只得随至建康，不久，汴京就归金兵所占了。

---

① "交义"有误，原意指将柴薪捆成两束。

金兵又进攻建康，宋朝诸将都被金兵打得溃散了，只有岳飞还保全了他的一部，仍然和金兵尽力死战，杜充见了这种情势，便投降了金人。金人就得着建康，又发兵进攻浙江，直取南宋的都城，岳飞领了兵卒在半路截击金兵，和金兵连战六次，都得了胜，把金将捉了，士兵也俘获很多。岳飞又引兵进攻建康，连战皆捷，就把建康恢复了。自此金人都叫岳飞军为岳爷爷兵，每听得岳爷爷兵来，莫不个个吓得面无人色。

这时南宋只保守了浙江一隅（yú）[1]，江淮间寇贼纷起，岳飞恢复了建康，把金兵打退至北方以后，又带兵去平定寇贼。戚方、李成都是江淮间的大寇，经岳飞次第平定。高宗嘉奖他的功劳，亲手写了"精忠岳飞"四字，做成一面大旗，赐给岳飞。

岳飞志在恢复中原，又进取了襄阳荆州一带，做进窥中原的根据地。这时大寇杨幺（yāo）盘踞洞庭湖，怀着湖中天险，官军几次不能平定，岳飞为要肃清后方计，便决定先行平服杨幺，就派了使者到洞

① 一隅（yú）：一个角落。

大幅何年被
剜裂半縄剝
崢嶸人韋江
行庶幾當雪
齋剩有瘦壑
十字全
辛亥御正
御題

雪霽江行圖（局部）
北宋 郭忠恕 台北『故宮博物院』藏

庭湖中招降贼众。贼党黄佐是素来仰慕岳飞的忠义，就首先投降，岳飞加了黄佐的官职，又亲自到了黄佐的营中，拍着黄佐的肩背说道："你能建功立业，不少你的封侯爵位，现在你能替我再至湖中招降贼众吗？"黄佐很是感激，答以誓死相报。黄佐又走入湖中，招降了许多骁悍的贼将，只有杨幺不肯投降。杨幺自造轮舟，以轮激水，仿佛现在的轮船，能够在水中走得很快；船的四周，又装有竹竿，如果官军的船，撞着竹竿，船身即刻破烂，这是他所创造的防敌人的利器。他恃着这种利器，所以敢做顽强的反抗。岳飞想了破敌的方法，把君山（在洞庭湖中）的树木斫下来，做成大筏（fá），塞住湖中的港汊（chà）^①，又把腐烂的木头和杂草，堆积在上流的水面，然后使人在下流的水浅处，故意和贼党挑衅（xìn），口里乱骂。贼党听了，果然大怒，乘船追赶，不料舟轮尽被烂木杂草缠住，不能前行了，岳飞就发兵进击，贼船只得逃奔港中，但是到了港中，又被大筏所阻，岳飞命了兵士一齐登乘大筏，用木头把贼船尽打破了。杨幺也

---

① 港汊（chà）：小河的分支。

落于水中。岳飞的部将牛皋（gāo）走入水中，将杨幺捕捉了，于是杨幺的部下尽行投降。

岳飞把中国南方都平定了，就整顿北伐，恢复中原。这时宰相秦桧主张与金人讲和；岳飞独不主张和议，极言金人无信，若与他讲和，将来必要受骗，贻误国家[1]，于是秦桧便衔恨了岳飞。

岳飞调集了诸将，整顿兵马，便大举北伐；先遣了诸将分道出兵，自己驻扎郾城（属河南省），兵势很盛。金将兀术（wùzhú）大为恐惧，就请了金部的龙虎大王和盖天大王，商议军事，都以为宋朝诸将中，只有岳飞不可当，应竭尽全力，和岳飞决一死战。于是兀术和龙虎大王、盖天大王的兵，会合一起，逼攻郾城。原来兀术有一种劲军，人马都穿了几层的铠甲，每三人用绳索穿作一联，称为"拐子马"[2]，用来冲破敌人的阵线；从前宋兵屡次被这劲军冲破，无可抵当。岳飞知道这劲军的厉害，便命了步卒都拿了麻札刀入阵，不要抬头仰视，只令斫砍马足；那拐子马是

---

[1] 贻误：错误遗留下去，使受到坏的影响。
[2] 此处应为"铁浮图"，是金人的重装骑兵；"拐子马"指的是金人的轻装骑兵。

三马相连的，一马仆倒，其余两马就不能行了，岳飞令兵一齐拥上，奋勇击杀，把金兵打得大败。兀术流泪说道："我自海上起兵，都以拐子马致胜，今被岳飞攻破了。"岳飞更乘胜跟踪追击，把金兵杀得七零八落，兀术剩得一身狼狈逃归。于是岳飞进兵到了朱仙镇，隔汴京只有四十多里了。

汴京城里，就大起纷乱，中原各地的豪杰，都纷纷起兵响应岳飞，只等岳飞一入汴京，便起来驱杀金人；百姓都挽车牵牛，载了干粮，预备在路旁迎接岳飞。兀术想发兵去抵御岳飞，部下都不敢奉命，而且向岳飞秘密相约投降。兀术叹气道："自我起兵北方以来，没有遭过这种挫（cuò）折。"便决计弃去汴京，退守河北。

岳飞在朱仙镇得了金将投降和中原豪杰起兵响应的消息，大为欢喜，对诸将说道："当直抵黄龙府（即今辽、吉两省地），和诸君痛饮。"正要开拔前进了，忽然奉到高宗皇帝撤兵的命令，一日连接到十二道金牌，是召岳飞撤兵回去的。岳飞奉了这命令，急得眼泪直下说道："我的十年苦功，尽废在这一旦了。"一些百姓听得岳飞撤兵回去，都跪在路旁，痛哭请留。

岳飞也悲泣回说道："我是奉皇帝的诏命，不敢擅留。"于是百姓更加伤心痛哭，山岳都被哭声震动了。岳飞回到浙江，见了高宗，只是哭泣拜谢，并没有说一句别的话。

高宗撤兵的命令，是秦桧主使的。因为秦桧主张与金人讲和，割了淮以北的地方归金人，已有成议①了。并且金将兀术使人对秦桧说道："你虽然主张和议，但是岳飞正谋占我河北，非把岳飞杀掉，和议不能成功。"秦桧也以为岳飞不死，自己必然招祸，便决意谋杀岳飞，所以逼着高宗下令撤兵，召岳飞回来。

秦桧又使了他的党羽上书，告岳飞从前攻金人，逗留不进，心怀异志。于是秦桧使人捕捉岳飞，下在狱中，刑官审讯时，岳飞袒衣露背，背上现出"尽忠报国"四个大字，墨色深入到肉理中。秦桧没法能治岳飞的死罪，就使了狱卒在狱中把岳飞治死了，死时年才三十九岁。后来朝廷知道岳飞的冤枉，加岳飞以武穆的谥号，就是后代的人也都替他伤心，并且痛恨

① 成议：达成的协议。

秦桧的奸恶。岳飞葬在西湖，后人把铁铸成秦桧的像，跪在墓旁，凡是瞻（zhān）仰岳墓的，都把秦桧的铁像痛打一顿。所以岳墓有人作了一副对联道："青山有幸埋忠骨，白铁无辜铸佞（nìng）臣。"至今还是巍然的存在呢！

给孩子的中国历史故事 3

历来南方政权多建都于南京，因为南京临近长江，便于挥师北上，进取中原。南宋却选择建都临安，对此历来众说纷纭，莫衷一是。有人批评南宋统治者只图一时苟安，贪恋杭州的繁华美景，不思恢复北宋旧都。也有人说宋高宗建都临安是因有长江、钱塘江"重江之险"，更能避开金兵的锋芒，且临安通过杭州湾可以直接入海，便于从海路逃跑。上述批评都是符合事实的，建都临安确实反映了宋高宗北伐意愿不强，对于恢复中原没有多少信心。不过，除了一味批评之外，也可以试着将视野扩宽，探究一下建都临安的合理性因素。从经济上来讲，江南已颇为富庶，而苏杭一带更为繁荣，南京在江南经济地图中相对处于边缘地位，且当时海上贸易已经发展起来，建都临安可以最大限度发挥首都经济功能。从安全方面来说，六朝建都南京，并未改变被吞灭的命运，南唐有长江天险，仍然为宋所灭，因此宋人已不再相信长江天险的屏障作用。

据考古资料显示，长江河道南京段在三国时期宽度达三十公里左右，如汪洋大海，到了唐朝仍有十几公里，至两宋之际，长江河道已远不如从前宽广。这一自然变化也大大降低了长江的险要程度。从移民的角度来讲，六朝时大量北方移民流徙至江淮之间，建都南京可以更好地控制这些南下的移民，而两宋之际北方移民有很多人汇集临安，人数大大超过了停留在南京的移民。总之，种种因素，促成了南宋建都临安的决策。

扫码可得朗读音频

汤芸畦 著
单敏捷 审读

从元明清到
民国北伐

给孩子的
中国历史故事

桥梁书版

北京联合出版公司
Beijing United Publishing Co.,Ltd.

目录

元世祖的入主中原

扰乱宋朝的金人，本是女真族，原住在辽宁、吉林一带的地方。当契丹进据燕京，占了中国北方的时候，金人才渐渐地强大起来；后来金人竟灭了契丹，完全占有中原之地，迁都到汴京①，自称皇帝，和南宋对立。

这时蒙古族也渐渐强大起来，觊觎（jìyú）②着中原的富庶，便极力谋向中原发展，自从蒙古主特穆津③弃掉酋长的称号，仿照汉族的制度，自称帝号后④，时常发兵向金人进攻，甘肃、宁夏一带，都为蒙古的势力所侵入了。后来特穆津的儿子乌格台⑤继

---

① 金有三个都城，上京会宁府，在今黑龙江省，中都在今北京，南京即开封府。金朝大部分时间首都在中都，而非汴梁，只是在蒙古崛起以后，金人为了躲避蒙古人，才再度南迁汴梁的。

② 觊觎（jìyú）：希望得到（不应该得到的东西）。

③ 特穆津即铁木真。

④ 铁木真称汗跟汉人制度没有丝毫关系，只是按照草原传统，成为草原上的统治者。

⑤ 乌格台即窝阔台。

位，用了耶律楚材做宰相，这耶律楚材虽然是生长于异族，却很知道治国大体，把朝中的礼仪制度，从新制定。使诸路的州县长吏，专理民事；特设万户府，专总军政；又立了课税所，专管财政。用人只重才能，不限于自己的同族，引用了许多汉族的士人，从此尽脱离了蛮夷的习气，俨然一上国了。

新兴的蒙古势力，不断地向中原进攻，金兵哪里能敌得过，蒙古兵分道攻进了四川、河南、山东等地，蒙古主自己领兵到了郑州，就发兵围攻汴京。金主和群臣闭城坚守，外面虽有金兵来救，都被蒙古兵打败。金主在城中着了慌，就把自己的儿子做抵押品，请与蒙古兵讲和。蒙古兵不答应，仍旧尽力攻打，这时已发明了火药，蒙古兵有一种火炮，名叫震天雷，用铁罐装满火药，火发罐裂，声音好似雷动一般，半里以内，都被火花布满了，金兵守城的兵士，被火花所伤的很多，金兵的势，更属危急，城里的粮食也没有了，于是金主弃了汴京，向河北逃避，汴京就为蒙古所攻破了。后来金主逃到蔡州（今河南汝南县），又被蒙古兵攻破，金主自缢死了。至此金朝为蒙古所灭，蒙古尽占了中原之地。

蒙古既占了中原，仰慕汉族的文明，便推重儒家，尤重宋学，设太极书院于燕京，令诸生研究宋儒的哲学，由是中国的道学，推行于全国了[1]。汉族的文化，为外族所不及，所以虽为外族所统治，而因着文化的关系，外族反为汉族所同化了。中国北方自五胡、契丹、金、蒙古占据以来，汉族受制于外族统治之下，经过几百年，然而外族都只有受汉族的同化，逃不出这例外。

　　蒙古主乌格台死了之后，女后专政，惹起了争位的混乱，后来呼必烈[2]即位，才定了内乱，称国号叫大元，建都于燕京，就是后人所称的元世祖。元世祖即位以后，就想吞灭南宋，统一中国，命了阿珠为征南都元帅，发兵南下，攻破了襄阳、樊城（均属湖北），得了许多战舰，沿着长江顺流而下。这时南宋用了贾似道做宰相，方沉迷于酒色，只图快乐，不愿与闻[3]兵事，元兵攻陷了州郡，也不调兵援救，并且

---

[1]　元朝汉化程度很低，并不重视儒家教育，也不很看重先前的汉人制度，甚至很多年不开科举，所谓中国道学推行于全国只是作者一厢情愿的想象。

[2]　呼必烈即忽必烈。

[3]　与闻：参与，听闻。

给孩子的中国历史故事

4

出猎图 五代 胡瓌 台北「故宫博物院」藏

不使皇帝知道，所以元兵势如破竹，一直冲进长江的下游，江淮各地都相继失陷了。于是浙江震动，南宋便异常危急。南宋皇帝到了这时方才觉悟，驱逐贾似道，命张世杰、文天祥等统兵御敌。

张世杰率了舟师万余艘，泊在焦山的下面，把战舰排列于江中。元将阿珠登石公山上，望着江中的战舰，说道："这最好用火烧。"就选了善射的兵士千人，用战舰载着，分两队向宋兵的战舰射来，火箭齐发。宋兵的战舰尽被火焚烧，烟焰满江，死的不计其数。张世杰逃得活命，可是所有的兵，已不能成军了。

于是元兵又攻破了常州，直进到浙江。宋朝遣使奉了传国玺投降，又命了吴坚和文天祥入元军中，商议条件。文天祥对元将说道："北朝若能承认宋为邻国，请暂退兵，再议讲和的条件。若必要灭我宋朝，势必各处义兵纷起，战事不可终结了。"元将看了文天祥的举动不常，就知道他的志向不小，便把文天祥扣留于军中。元将又进军杭州，把宋帝㬎（xiǎn）和皇太后都捉了，解送燕京。宋帝㬎的两个弟弟益王和广王，乘着元兵进城的时候，逃得出来，后来走到了温州。

文天祥被元兵扣留在军中，等到元兵破了宋朝，捉了宋帝和皇太后解送燕京后，元兵又把文天祥也解送到燕京。文天祥走到了镇江，乘着解送的士兵没有防备时，就偷偷地逃了出来，扮着乞丐模样，一路千辛万苦，路上几次遇着元兵，险些儿又被元兵捉去，都经他逃脱出来，才得到了仪征县（属江苏）。听得益王和广王都在温州，便取了海道，到达温州。

　　广王和益王逃到了温州后，宋朝臣子中有忠义性的，都赶来聚在温州，如张世杰、文天祥、陆秀夫等都不约而齐了。于是共议奉了益王即皇帝位，进据福州，把福建做根据地，慢慢地图恢复中国。但是元兵穷追不舍，听得益王在福州称帝，还保持了福建、广东的势力，又分道出兵向闽（mǐn）、粤（yuè）进攻。张世杰、文天祥都领兵御敌，哪里抵得住，尽被元兵打败了；于是福州又很危急，张世杰奉了益王和广王及后妃等，并军士百姓数十万人，齐登海舟，入海逃避，就到了惠州（属广东），又迁到潮州的浅湾。元兵又攻浅湾，张世杰奉了益王和广王同奔至井澳（在广东香山县南海中横琴山下），因在海中遇着飓（jù）风，海舟坏了，益王溺于海里，后经救起，从此得了惊病，不久就死了。一班臣子又立了广王做皇帝，仍图保持宋朝的帝业，和元朝做最后的挣扎。但是这时大势已去，以这漂流海上的皇帝，要和元朝的大兵对敌，怎么能敌得住呢？

张世杰等以为井澳还不足以固守，又奉了皇帝迁到崖山，这崖山在广东新会县南的大海中，地势险峻。想借此扼着险要，做长久保守之计，命人入山伐木，起造宫室，在这荒凉海岛之上，建立一个朝廷了。又命了文天祥屯兵潮阳（属广东），以防元兵。

元兵平定了福建，就长驱直入广东，攻破了广州，又进攻潮阳，文天祥抵敌不住，只得退走海丰，被元兵追来，竟把文天祥活捉了。元朝的将官见了文天祥，很是敬重，待以客礼，文天祥屡次请死，元将不许，只是派人严密地监守。

元兵既破了潮阳，便乘舟入海，直攻崖山，海口尽被元兵塞断。宋兵进退不能，异常恐慌，完全没有抵抗的能力了，等到再和元兵接战，便大溃败。陆秀夫对广王说道："陛下当死国难，不可受元兵的戮辱。"就负着广王，一同投入海中。张世杰乘着战舰，正待逃奔入广，忽飓风大起，就堕水溺死，宋

朝自此灭亡了。

元兵平定了宋朝，班师①北上，将文天祥一并解送燕京。元世祖和朝中大臣都仰慕天祥的忠义，设馆优待，常使人婉劝天祥投降。天祥始终不允，只求速死，世祖不忍加以诛杀，幽禁四年，到没法使他投降，才把他杀了。自此整个的中国，就为蒙古族所统治了。

元朝统治了中国，又发兵去攻打外国，如日本、安南、缅甸（Miǎndiàn）、爪哇等国，都被元朝征服了②。元朝的兵力，还到了欧洲，征服了俄罗斯，打败了欧洲联军，那时世界上的武力，没有能敌得过元朝的。中国历代的强盛，要算以元朝为最。那时的中国，实足以夸耀世界呢！

给孩子的中国历史故事 4

---

① 班师：调回出征的军队。
② 日本并未被元朝征服，元军两次征伐日本，都未能成功。

元朝因为统辖的地方太广，又时常和外国打仗，虽然威名及于远方，却弄得国内空虚了，百姓很是困苦，所以元朝的末年，盗贼蜂起，官兵不能平定，元朝的天下就亡在这盗贼之手了。

在这元末盗贼扰乱的时候，濠（háo）州（今安徽凤阳县）地方有一个孤苦无依的少年，乘着时机，起兵定乱，就夺取了元朝的天下，恢复了汉族的统治权。这少年姓朱名元璋，当他十七岁时，他的父母哥哥都死亡尽了 ①，剩得他单身只影，而且家里贫苦，自己又没有谋生的本领，生活就很艰难了。他在这没有办法的时候，就投身到皇觉寺里削发为僧，于是缁（zī）

---

① 当时元璋的父母与大哥去世了，二哥及三哥为了活命各自分散了。

给孩子的中国历史故事 4

衣①托钵（bō）②，游食③远方。走到合肥县，生了大病，在这行旅中，一来无人照料，二来病势险恶，他便陷于万分的危险中了。后来他的病好了，又在外游食数年，方才回转寺里。这时盗贼四起，各据州郡，拥众数万，郭子兴也在濠州起兵；元朝的将官，很是怕死，不敢去和盗贼对敌，却乱捉了一些良民，妄称盗匪，还要以此报告朝廷邀得功赏。所以这时的百姓，受着官兵和盗贼两方的逼迫，真是苦不堪言了。

这时朱元璋已二十四岁了，因为濠州已起了兵乱，就不能容许他过这和尚清净的生活，他便走入濠州城，见了郭子兴，子兴很称赏他，留他做一个亲兵。后来他很打了几次胜仗，替子兴出过不少的力，渐渐升做将官了。他见了子兴的才干，很不足以成大事，便广交豪杰，扩张军备，自己带兵攻下了滁州、和州（均属安徽），做根据地。后来郭子兴死了，所有的部将，尽归属朱元璋了，于是元璋占据安徽北部一带，拥众数十万，势力很盛。便发兵渡江，打败元兵，直

---

① 缁（zī）衣：僧尼之服。
② 托钵（bō）：乞食。钵为食器，佛教戒律规定僧人出外乞食时要以手托钵。
③ 游食：居处不定，到处谋食。

攻破了金陵，元璋入了金陵城，废除元朝的苛政，百姓很是欢喜。

当时和朱元璋同起兵的，有张士诚占据江苏、浙江一带，陈友谅占据江西、湖北一带，都是声威很大，成为各不相上下的势力。元璋怀着统一中国的大志，先谋肃清了南方，再进兵中原。他以为张士诚是器量很小的人，必然没有远大的志愿和深刻的眼光；陈友谅是志气骄傲的人，当然是喜生事端的；就决定解决了陈友谅，然后解决张士诚是很容易的。他便亲自领兵，水陆并进，沿着长江顺流而下，进军九江，恰和陈友谅的兵，相遇在鄱（pó）阳湖中。友谅拥了水军号称六十万，尽是艨艟巨舰，联成阵式，摆列湖中，舰上的楼橹（lǔ）① 高数十丈，旌旗戈盾排列得齐齐整整，望了好似山岳一般。元璋便把水军分成十一队，向前猛攻，火炮齐发，烧的烧、杀的杀，一场恶战，在这湖中，好不热闹。友谅的部下有一员骁将② 名叫张定边，冲杀过来，逼近了元璋所乘的战舰，这时恰巧元璋所乘的战舰，又被搁在浅滩上，进退不得。元

---

① 楼橹（lǔ）：古代军中用以瞭望、攻守的高台，没有顶盖。
② 骁将：勇猛的将领。

明太祖坐像 明 佚名 台北『故宮博物院』藏

璋正万分的危急了，幸亏他的部将常遇春，从旁赶来救应，嗖（sōu）的一箭射中了张定边，又指挥诸舰都来救应，那些战舰一齐涌上，水激浪大，才把元璋所乘的战舰也推动了，使元璋脱离了这次危险。陈友谅又令所有的战舰，齐出应战，元璋的军心便有些恐怖起来。元璋亲自奋勇督战，手斩退缩的军士十余人，兵士们才鼓起勇气，尽力死战。到得天黑时，东北风大起了，元璋命了敢死士乘坐小舟，载满火药芦苇，冲进友谅的战舰中，纵火焚烧，友谅的军舰许多着火，延烧一大半了。元璋又指挥兵士奋勇前杀，友谅的军便大慌乱，被烧杀的不计其数，湖水的色也被血染红了。友谅兵败只得退走，又被兵截击，中了流矢而死，于是江西、湖北都平定了。

朱元璋既破了陈友谅，回转金陵，自称吴王。这时中国南方，还有张士诚据了苏州，拥有苏、浙一带的地方。在元璋攻打陈友谅的时候，果然不出元璋所料，张士诚只知道保守自己，并不发兵袭攻金陵，做陈友谅的声援，使元璋很容易地肃清了陈友谅。一到陈友谅破灭之后，元璋又发兵攻打浙江，降服了杭州、湖州，于是士诚的势力孤弱，元璋就命了徐达、常遇春两员大将，统兵二十万进攻苏州，士诚的兵，哪里抵敌得住。徐达等长驱直入，围了苏州城，没有好久，就攻破了，把张士诚也活捉了，于是元璋尽有了中国南方之地。

朱元璋统一了中国南方，就建都金陵，自称皇帝，国号叫大明，后来称为明太祖。他先改革了元朝胡人的服制，尽着唐宋时的式样，于是汉族的衣冠制度，沉废了九十年，至此才恢复过来。又命了徐达、常遇春等分道出师北伐，攻打元朝，先克服了山东、河南各地，声威浩大，一到常遇春的兵攻进了北通州，元朝的皇帝，就退回和林（今外蒙古库伦①）了，常遇春入了燕京，收了府库图籍解送金陵，元朝自此灭亡了②，于是改燕京叫北平；中国复行统一，尽归了明朝。明太祖自濠州起兵，只有十多年工夫，就成功了这帝业。他做了天子后，亲自去祭祀历代帝王，独对着汉高祖的神位说道："自平民起来做天子的，自古以来，只有我和君两人哩。"

---

① 今蒙古国乌兰巴托西。若无特殊说明，文中的"今"指作者所处年代。

② 此时元朝还没有灭亡，而是退回塞北了，历史上称为北元。

出警图（局部）明 佚名 台北『故宫博物院』藏

明太祖即位以后，立了他的儿子标做皇太子，后来皇太子死了，又立了标的儿子允炆（wén）做皇太孙。太祖做皇帝三十年才死，死后，皇太孙即位，就是后人所称的建文皇帝。这建文帝在位没有几年，就遇着燕王棣（dì）的祸事。

　　燕王棣是明太祖的第四个儿子，从前追攻元兵的时候，燕王棣很立过不少的战功，所以太祖封他为燕王，镇守燕京，拥有很盛的兵力，威势着实不小。自建文皇帝即位以来，诸王有些犯罪的，削为庶人，而且还牵累到燕王的身上，燕王棣见了，心里很不自安，于是燕王仗着自己的势力，便起兵反叛，发兵向金陵进攻。建文帝的兵不能抵敌，被燕王破了金陵，建文帝从地道中逃出，当时都不知建文帝逃到哪里去了，后来才有人在云南、贵州一带，发现了建文帝做了和尚往来的足迹。建文帝逃走之后，就由燕王棣即皇帝位，后人称为成祖。成祖因为燕京是他的旧地，便迁都燕京，改北平叫北京，称金陵为南京。

北京宫城图 明 朱邦 大英博物馆藏

孙中山先生创立同盟会，以"驱逐鞑虏，恢复中华，建立民国，平均地权"为纲领，而"驱除鞑虏，恢复中华"并非孙中山首创。这种说法最初出现在朱元璋发布的讨伐元朝的檄文中，其原文为"驱逐胡虏，恢复中华"。在这篇檄文中主张自古以来华夏居内，夷狄居外，应当由汉人治理中国，夷狄散布四周，而非夷狄入主中原。因此，朱元璋要将蒙古人的政权推翻，建立汉人的政权。但是，朱元璋仍然认为各民族之间要共处共存，不应对蒙古人以及其他少数民族歧视、欺凌乃至肆意杀戮，只要肯归顺明朝，举止符合礼仪，都应与华夏同等视之。这种思想，后来又为孙中山所用。孙中山主张必须推翻清朝，满人不能再做皇帝，但在中国土地上生活的汉、满、蒙古、回、藏等各民族，应当和睦共处，都享有平等待遇。

历史原典研读

《奉天北伐讨元檄文》

　　檄谕齐鲁河洛燕蓟秦晋之人曰：自古帝王临御天下，皆中国居内以制夷狄，夷狄居外以奉中国，未闻以夷狄居中国而制天下也。自宋祚倾移，元以北狄入主中国，四海以内，罔不臣服，此岂人力，实乃天授。彼时君明臣良，足以纲维天下，然达人志士，尚有冠履倒置之叹。自是以后，元之臣子，不遵祖训，废坏纲常，有如大德废长立幼，泰定以臣弑君，天历以弟鸩兄，至于弟收兄妻，子烝父妾，上下相习，恬不为怪，其于父子君臣夫妇长幼之伦，渎乱甚矣。夫人君者，斯民之宗主；朝廷者，天下之根本；礼义者，御世之大防。其所为如彼，岂可为训于天下后世哉！及其后嗣沉荒，失君臣之道，又加以宰相专权，宪台报怨，有司毒虐，于是人心离叛，天下兵起，使我中国之民，死者肝脑涂地，生者骨肉不相保，虽因人事所致，实天厌其德而弃之之时也。古云"胡虏无百年之运"，验之今日，信乎不谬！

当此之时，天运循环，中原气盛，亿兆之中，当降生圣人，驱逐胡虏，恢复中华，立纲陈纪，救济斯民。今一纪于兹，未闻有济世安民者，徒使尔等战战兢兢，处于朝秦暮楚之地，诚可矜闵。方今河、洛、关、陕，虽有数雄，忘中国祖宗之姓，反就胡虏禽兽之名，以为美称，假元号以济私，恃有众以要君，凭陵跋扈，遥制朝权，此河洛之徒也；或众少力微，阻兵据险，贿诱名爵，志在养力，以俟衅隙，此关陕之人也。二者其始皆以捕妖人为名，乃得兵权。及妖人已灭，兵权已得，志骄气盈，无复尊主庇民之意，互相吞噬，反为生民之巨害，皆非华夏之主也。

予本淮右布衣，因天下大乱，为众所推，率师渡江，居金陵形势之地，得长江天堑之险，今十有三年。西抵巴蜀，东连沧海，南控闽越，湖湘汉沔，两淮徐邳，皆入版图，奄及南方，尽为我有。民稍安，食稍足，兵稍精，控弦执矢，目视我中原之民，久无所主，深用疚心。予恭承天命，罔敢自安，方欲遣兵北逐胡虏，拯生民于涂炭，复汉官之威仪。虑民人未知，反为我雠，絜家北走，陷溺犹深，故先谕告：兵至，民人勿避。予号令严肃，无秋毫之犯，归我者永安于中华，背我者自窜于塞外。盖我中国之民，天必命我中国之人以安之，夷狄何得而治哉！予恐中土久污膻腥，生民扰扰，故率群雄奋力廓清，志在逐胡虏，除暴乱，使民皆得其所，雪中国之耻，尔民其体之！

如蒙古、色目，虽非华夏族类，然同生天地之间，有能知礼义，愿为臣民者，与中夏之人抚养无异。故兹告谕，想宜知悉。

明朝自成祖即位以后，天下太平，百姓安乐，真是国富兵强，为明朝的全盛时代。我们中国向来对于外族，抱着鄙视态度，以为中华是礼义之邦，自应高于一切，凡是历朝的盛时，或是用兵，或是招降，务使外族向中国称臣纳贡，所以"胡越一家"的话，是很足以相夸耀的。但是唐宋以前所称的外族，因为当时海道不通，还不能及于海外，不过是中国四境的附近各民族罢了。到了元朝，蒙古族的冒险性较大，而且海上的交通也渐渐发达，所以元朝的势力，从亚洲西部，直到东部，还到了欧洲。因此中国的威名，便为世界各国所惮服。并且在元朝时，又有欧洲人来中国做过官吏，后来回国著书，详叙中国的繁富景况，更惹起外国人的羡慕，口里相传，不免言过其实，甚至说中国为黄金世界，认为神圣的国家了。

但是我们中国对于外国的态度，素来是取柔服的手段，只要外国能恭敬尽礼，称臣进贡，中国不但加以官爵，还要重赏一些礼物，从没有侵略的行为，或施以强暴的武力，非到外国顽强不服时，是决不用兵的。所以外国臣服中国，决不受到丝毫的损失，而且要得到许多利益[①]。不像如今列强，一面以武力夺取弱国的土地，一面以经济方法刮削弱小民族的金钱，非把弱国弄到国亡种灭的时候不止。以这种狠毒恶辣的手段，和我们中国古代的和平信义手段，两相比较，真是天渊之隔了。现在的中国，已不能保持前代历史的光荣，反要受列强种种的压迫，亡国灭种之祸，就在目前，我们看了我国的历史，能不自己惭愧吗？能不力图振兴吗？

明成祖的时候，是仍能保持着前代历史的光荣，加之他又是个好大喜功的皇帝，便想夸示中国的富足，使得远方外国都来倾心归顺。于是他便搜罗外交的人才，有的派到西域，有的派出海外，做出使大臣，宣扬中国的德意，夸耀中国的富强，遇着顽强不服的，

[①] 这种观点比起赤裸裸的殖民侵略来，可以说是更为人道的。然而，相比今天所提倡的世界各国平等的观点，还是落后的。

明成祖坐像 明 佚名 台北『故宮博物院』藏

就用武力征服。郑和本是成祖做燕王时，王府中的一个宦官，成祖即位后，因为从军的功劳，就升做太监，所以都称他作三保太监。这郑和生得品貌堂皇、才智机警，并且对于军事，也很有经验，很得成祖的喜欢，成祖便命了郑和出使西洋各国。这时所称的西洋，不是现在的欧美，不过是沿海的各地，以及印度洋和太平洋中的一些岛国，如印度支那、西亚诸国、南洋群岛等地罢了。

郑和既奉命出使西洋，就先造了大船，身长四十四丈，宽有十八丈，共造了六十多艘，带了将士三万人，还带了很多金银币帛，做赏赐用的。旌旗蔽天，刀光耀日，将士都是全身披挂，越显得威风凛（lǐn）凛，乘坐大船，航海经过福建。再由福建的五虎门起航，竖起桅（wéi）帆，向前航行，首先到了占城国，这占城国就在如今印度支那半岛中安南的南部；又由占城到了南洋各国各岛，再往西行，经历印度波斯各海岸，直到非洲的东边，所到的国家，有三十多国。在那南洋各岛中，原来有很多中国人先在那里经商或开垦的，人数日多，势力也日大，就有中国人在岛中做起国王来。郑和所到的各国，有的畏惧中国的威势，唯唯听命的；有的贪图中国的财帛，竭力趋奉①的；也有怀着不良的心思，要谋劫取中国使臣的财物的。这郑和果然是个机警的人，他都应付得很妥当，凡是诚心归顺的，他就赏赐一些金帛；有那不怀好意的，他便取断然的处置，用武力来严重地惩戒。所以凡是郑和所到的地方，经他恩威并用，莫不个个倾心归服，都把各地的珍奇宝物，贡献给郑和，于是三保太监的名誉，也远播海外了。

郑和第一次下西洋，费时两年多，才得回来。当他走到三佛齐国（在今南洋群岛中苏门答腊岛的东部），那国王陈祖义本是中国人，自占据了三佛齐，因为国小民穷，便在海中做那杀人越货②的勾当，一班商旅，很是叫苦。郑和知道他的行为，便派了使者去劝谕（yù），叫他投降归顺，不要干那强盗事业。陈祖义满口应允，还派人来欢迎郑和。但是祖义心里却怀着恶意，想乘着郑和没有防备，发兵劫取，就派

---

① 趋奉：趋附奉承。
② 杀人越货：杀害人的性命，抢夺人的财物，指盗匪的行为。越，抢夺。

了兵士埋伏在半路等候着。郑和是个如何机警的人，他既知道祖义的来历，便时时防备着；他自受了祖义的欢迎，便带了许多卫士，戒备得异常严密，径走向三佛齐国来。果然走到半路，遇着祖义的埋伏兵士突然冲出，郑和不慌不忙，挥令卫士，沉着应战，把祖义的兵打得大败，还活捉了陈祖义，另选择一个国中负名望的人来做国王。郑和回到中国的时候，把陈祖义一并带回，明成祖将祖义杀了。当郑和回时，西洋各国的国王，都派了使者随着郑和，一同进入燕京，朝见中国皇帝，明成祖大为欢喜，除赏赐了西洋使者之外，又重重地赏赐了郑和。

过了一年，明成祖又命郑和下西洋。郑和仍然带了许多将士，乘坐大舟，向西洋进发，所经过的国家，听得三保太监来了，国王带了百官亲出郊外迎接，郑和仗着上国使者的威势，好不光荣！但是走到锡（xī）兰国（今印度洋中一大岛），那国王名叫亚烈苦奈儿，又不怀好意，他外面做出欢迎的样子，暗中却预备了兵士，只等郑和自海舟登岸，走进了锡兰国内，便发兵去劫取郑和的海舟。郑和登岸时，带了两千卫士，走进了锡兰国，忽然听得自己的海舟被劫，便逆料①锡兰的兵众去劫取海舟，必然国内空虚，也不回兵救应，直向锡兰进攻，指挥两千卫士，奋勇前杀，竟把锡兰的都城攻破了，活捉了亚烈苦奈儿和他的妻子。那劫舟的兵士，听得国都被攻，忙回兵救应，郑和和他的守船将士前后夹击，把那劫舟的兵士打得大败，还活捉了许多。郑和将那些俘虏，切实训诫一番，又尽行释放了。只带了亚烈苦奈儿和他的妻子回到中国来②。明成祖以为是外国人，特别加恩，不加诛杀，仍然把他们释放回国。从此西洋各国，惮服中国的兵威，又感激中国的恩义，遣使朝贡的益发多了。

郑和回国后一年，明成祖又命他下西洋③，他走到苏门答腊（今南洋群岛中一大岛），恰遇着国王的儿子名叫苏干剌（là），正想谋杀他的父亲，自立为国王。郑和知道了这事，便心里痛恨，他赏赐金帛给国王和一班臣子，独不赏给苏干剌。苏干剌便异常衔恨，就带兵来攻杀郑和；郑和也率兵迎敌，大获全胜，

---

① 逆料：预料。
② 此事件发生在郑和第三次下西洋。
③ 此次为郑和第四次下西洋。

把苏干刺活捉了，登时就把他杀了。回朝之后，明成祖很是欢喜，重赏了一些将士。

后来满剌加（在今马来群岛中）等十九国，同派了使者，入中国朝见。明成祖很是欢喜，又派了郑和随着外国使者同下西洋，带了许多金帛，赏赐各国的国王。

三佛齐国后来为爪哇国（在南洋群岛中）所灭，改名旧港。旧港国王施济孙，请中国给他宣慰使的官职，明成祖又命了郑和捧了印信和诏命，去赐给旧港国。

郑和前后下西洋，共有七次，西洋尽属热带，所带回一些珍品奇物，都是中国所没见过的。所以很为当时的人所称羡，谈到三保太监下西洋，没有不指为盛事的。

给孩子的中国历史故事
4

郑和下西洋自明成祖永乐三年（1405）至宣宗宣德八年（1433），历时近三十年，比欧洲探险家开拓新航线、发现新大陆早了将近一个世纪。郑和出使各国不以侵略为目的，他下西洋除了宣扬明朝国威以外，还起到了促进中外贸易的作用。比起西方探险家，郑和的航海规模虽然更大，但并未改变世界的基本面貌，未能起到引领世界潮流的作用，亦是事实。有人因此认为明朝自郑和以后，渐渐走向闭关锁国状态，其实明朝与世界的联系仍然相当紧密。美洲新大陆被发现以后，来自美洲的大量白银落入西班牙、葡萄牙的王室、贵族、商人的腰包，而他们又用这些白银购买了大量包括香料在内的奢侈品，还有茶叶、丝绸、瓷器等商品，于是通过海上贸易，美洲的白银大量流入明朝。白银的数量多到一定程度，便成为最常用的货币，由此又引发了明朝中后期的税制改革——将实物赋税折算为白银，赋税从此以白银为单位征收。后来美洲白银供应

逐渐减少，中国市场白银不足，经济秩序受到影响，加剧了明朝的财政负担，因此也加速了明朝灭亡与明清易代。

满族本是女真族，从前扰乱宋朝、入据中原的金国，就是他们的祖先，自金国被元朝灭了之后，这女真族仍旧散在黑龙江、吉林和辽宁的南部一带。明成祖时，把这女真族尽招降了，分作许多卫，封官世袭，令他们约束部众，听候征调。这满族的一部，是住在辽宁的南部鸭绿江北岸一带，明朝封为建州卫。在明朝强盛时，是很服从的；后来明朝势力衰弱，这建州卫的首领就叛变起来，并吞各部，大败明兵，夺取了辽阳和辽宁，自称满洲汗，后人尊为清太祖。后来他的儿子又降服蒙古、朝鲜，自称皇帝，国号叫大清，后人称为太宗，占据了长城以外的各地，时常进兵打明朝，大为明朝的祸害。

这时明朝正值各处饥荒，盗贼①四起，最大的首

给孩子的中国历史故事

4

领是李自成和张献忠，各拥众数十万，到处杀人放火。尤其以张献忠最好杀人[1]，他所经过的地方，真是积尸如山，血流成渠（qú）；他所攻破的地方，不做长久的占据，只待明兵一来，又攻窜别处，成为流寇。中国各省被他蹂躏的有十多省，所杀的人数有几百万。

李自成自起兵以来，声势和张献忠差不多，但是他比张献忠的政事较清明，不做残酷的屠杀，所以他很得人望[2]，他所到的地方，有许多州郡望风降附的。他攻进了陕西，就在西安建立国都，自称皇帝，国号大顺。他一意想夺取明朝的天下，亲自统兵四十万，从禹门渡黄河，攻破了山西全境，直进到河北，北京也震动了。

明朝这时是怀宗皇帝[3]当国，自他即位以来，虽然振作精神，想把国事整理，但是他的一班臣下，虽然不是卖国奸臣，却是误国庸臣，所以怀宗的意志，终不能实现，弄得国事愈坏了。国内被盗贼闹得残破不堪，而且贼势正炽，着着地逼近国都了。国外又有

---

① "杀人说"是清人污蔑。
② 人望：在人们心中的威望。
③ 明怀宗，一般称作思宗，即崇祯皇帝。

清兵雄踞关外，不时向关内进攻。内忧外患，重重逼迫，竟把明朝灭亡了。

当李自成兵攻进了河北，北京震动的时候，都中异常空虚，当时明朝的统兵将官，只有吴三桂实力较大，又驻扎在山海关，防卫清军去了。等到北京被李自成兵攻得紧急了，朝廷恐慌得很，怀宗便召了吴三桂带兵回京，防卫国都。吴三桂正带兵回朝，走到半路时，李自成已攻破北京了。

怀宗处在危急中，日望救兵不至，左右的人劝怀宗迁避到南方去。怀宗说道："国君当死国难，岂可逃走贪生吗？"后来京城被李自成攻得紧急，眼见得就要破了，怀宗知道大势已去，很沉痛地说道："我本不是亡国的君，无奈诸臣都是亡国之臣，误了大事呢。"等到京城已破，怀宗很从容地把宫中布置好了，命人置酒宫中，和他的妻妾周皇后、袁贵妃同坐痛饮，说了一些慷慨诀别^①的话。饮酒毕后，袁贵妃离席先行，怀宗便拔出佩剑向袁贵妃的后面，一剑砍来，袁贵妃即倒毙地上，周皇后忙走到宫内自己缢死了，怀

① 诀别：分别，多指不易再见的离别。

清世祖坐像 清 佚名 台北『故宮博物院』藏

阅视黄淮河工（局部）乾隆南巡图 清 徐扬 美国大都会艺术博物馆藏

宗看了连说道："好！好！"他的女儿坤仪公主在旁哭泣不止，怀宗含悲对她说道："你怎么生在我家呢？"又向她一剑砍来，坤仪公主用手去格，把一条手臂砍断了，就晕倒地上。又令他的儿子去逃避民间，并且嘱咐道："你今日是皇太子，明日便是平民了，此后逃到民间，切不要露出皇家的行迹来。"于是怀宗和太监王承恩同走到后苑山亭中，怀宗在亭中自己缢死了，王承恩也自缢在怀宗的旁边。

李自成入了北京，知道吴三桂也快要带兵入京了，便派人去招降，又把吴三桂的父亲和全家都收监了，做招降的要挟品。吴三桂本奉怀宗的命，入京援救，走到半路，得着北京攻陷的消息，便顿兵不进。恰遇着李自成的使者来了，劝他投降；当时吴三桂以明朝已经灭亡，便允许了使者，相约归降。有人对吴三桂说道："你的家产尽被李自成抄没，你怎么投降于他呢？"吴三桂说道："我降了之后，必然要把家产发还给我咧。"那人又道："你的父亲受了李自成的威逼，你怎么反颜事仇①呢？"吴三桂说道："我

---

① 反颜事仇：变换面孔去侍奉仇敌。指人没有骨气，为仇敌效命。

降了之后，必要把我父亲恢复自由咧。"那人又说道："你最宠爱的姬妾陈圆圆，也被贼掳去了，又怎么办呢？"吴三桂听到这里，便切齿地说道："那老贼实在可恨，我誓不和他两立。"于是吴三桂决计进攻北京，又以自己的兵力不足，便走向清军借兵入关。这时清朝的皇帝年幼，由摄政王多尔衮（gǔn）代理政事。多尔衮乘着这好机会，就亲自统率大兵，和吴三桂一同入关。

吴三桂随了清兵入关，把李自成打得大败，又把北京攻破了；李自成败归陕西；吴三桂又带了清兵追至陕西；李自成弃了西安，走入湖北，所带的兵士，大队在前，只有数十骑随着，乡兵知道了，就一齐围着，把李自成一顿乱刀杀死了。

多尔衮入了北京，就奉了清帝入关即皇帝位，就是所称的顺治皇帝。于是满人统治中国，下令全国尽照满族的习俗，剃发结辫，着满族的衣冠。这个号令一下，汉族人很是痛心，不肯遵行。清廷雷厉风行①，不肯剃发的，就要处以砍头的罪，因此汉族人

---

① 雷厉风行：像雷一样猛烈，像风一样快。形容执行政策法令等严格而迅速。

万国来朝图（局部）　清　佚名　北京故宫博物院藏

无论是做过明朝的官的，或是老百姓，为着不肯剃发，被杀了许多，甚至有全家都因此被杀的。

这时清朝只统治了中国北方，中国南方还是明朝的势力，因为自怀宗殉（xùn）国以后，怀宗的兄弟福王逃避在江淮一带，明朝的臣子史可法、马士英等，就奉了福王在南京即皇帝位，派人去和清朝讲和，相约南北分治；清朝不答应，还要派兵来打。明朝就派了史可法督师扬州，防御清兵。清兵乘着胜势，进攻扬州，史可法打得大败，被乱兵杀死了。清兵攻破了扬州以后，因为汉族人不肯剃发，舍死反抗，就借此立威，镇压汉族的反抗，命了兵士把扬州的百姓，大肆屠杀，奸淫妇女，掳掠钱财，无所不至，一连杀了十日，清将才下令封刀，共计杀死了八十多万，其余自己落井投河悬梁自缢的，还不在其内，这一场恶杀，汉族就吓得胆寒了。清兵又攻破了嘉定，也是一样地屠杀，嘉定的百姓，所剩无几，所以扬州的十日，嘉定的屠城，至今还是汉族的一页伤心史呢。清兵又乘胜攻破南京，把福王捉了。

明朝的臣子又奉了桂王（怀宗的兄弟）在广东、

福建一带，即皇帝位。清朝派了降将吴三桂去平定。吴三桂把桂王打败了，桂王逃至云南，吴三桂追至云南，把桂王捉获杀了。于是明朝灭亡，中国南北一统，尽归满族人的统治了。

女真是生活在中国东北地区的古代民族，唐代时被称为靺鞨，辽时依据女真的生活区域与接受汉文化的程度，被分为"熟女真"和"生女真"。公元 12 世纪初，女真人建立金国，并消灭了辽和北宋。明朝后期，建州女真首领努尔哈赤举兵反明，自认为继承金的法统，仍定国号为"金"，史称"后金"。努尔哈赤死后，其子皇太极继位，改"金"为"清"，并改"女真"为"满洲"，这便是满族的由来。清朝统治者在很早的时候就意识到吸收汉文化、采用文治的重要性。清朝统治者比较注意缓和满汉矛盾，许多汉族官员受到重用，很多满人也积极学习汉文化，利用儒家思想巩固皇权。南北朝时，北魏孝文帝改革，积极推行汉化，结果鲜卑民族完全融于汉族，失去了民族特色。元朝时，蒙古统治者普遍拒绝汉文化，结果长期不为汉人所接受，最终失败。清朝在学习汉文化的同时又注意保持本民族特点，在稳定统治与保护

民族传统之间实现了较好的平衡。另外，清朝
处理与蒙古、藏、回等民族关系的做法，对于
后世也具有特别的借鉴价值。

郑成功据守台湾

清朝统一了中国，把明朝宗室在南方称帝的都灭掉了，明朝的臣子，有的被杀，有的投降，尽屈服在清军淫威①之下，丝毫动弹不得。只有郑成功占据了台湾海岛，仍保持着汉族的衣冠，沿用明朝的年号，和清朝对抗了几十年之久，清朝不敢难为他。他传位于他的儿子，再传于他的孙子，直到清朝康熙年间，才被清朝灭掉。这郑成功在国破家亡之后，独自挣扎，建立海国，他的志向，真值得后人万分崇拜呢！

郑成功的父亲是郑芝龙。芝龙原住在福建泉州的东石地方，正当着海滨。有同乡人李习，是一个往来日本的商人；芝龙和李习很好，便帮助李习经营商业，后来李习死在日本，所遗下的资本有万金，尽被芝龙

---

① 淫威：滥用的威势。

干没（mò）①了。芝龙得了这大宗资本，便召集一些无赖子弟，造了许多兵器和海舟，在海中做那劫掠商旅的勾当，因此劫掠的钱财不少，人数就愈多，势力也愈大了。芝龙做了海盗的首领，不劳而获②，他的部下每年所贡献的，真是盈千累万③，他自己很逍遥自在，常乘着海舟往来于日本、中国之间。他在日本因来往得很密，就和长崎（qí）的一个贵族女儿发生恋爱，后来竟和这日本女儿结婚，郑成功就是日本女儿所生的。

这时正当明朝怀宗的时候，福建巡抚沈犹龙因海盗猖獗，不易剿（jiǎo）灭④，就派人去招安郑芝龙。于是郑芝龙受了明朝的招抚，就带了妻子回到东石地方，建筑第宅，纵横数里，成为八闽（mǐn）的富家翁了。他的海上势力，仍然保全，劫掠商旅的事，尚是不免，不过不敢和朝廷公然对敌罢了。这时的海贼，还有南安地方的苟憨，惠安地方的刘香老，都很强盛，不肯受明朝的招抚，朝廷命了郑芝龙去讨

---

① 干没（mò）：侵吞。
② 不劳而获：自己不劳动而取得别人劳动的成果。
③ 盈千累万：形容数量极多。盈，满。累，积。
④ 剿（jiǎo）灭：用武力消灭。

伐他们。芝龙带兵和刘香老大战于五虎门外，刘香老打得大败，溺海而死，芝龙把南安和惠安的海贼，都兼并了，于是芝龙的威势，伸张到全闽了。到了怀宗殉国以后，福王在南京称帝，嘉奖明朝的旧臣，封芝龙为南安伯，等到桂王在闽、粤一带称帝，是靠着芝龙做保护，又晋封平国公。后来清兵破了福州，派人劝芝龙投降，芝龙允许降服，这时郑成功年已二十岁[①]，听得父亲要归降清朝，便痛哭谏阻，芝龙不听，单骑向清营中投降去了。郑成功和一些部下，以为芝龙已经投降，纵令清兵来了，决不至于骚扰，便不做严密防御的准备。不料清兵一到，奸淫掳杀，无所不至，成功的母亲也被清兵强奸了，羞愤自缢而死。成功大为痛恨，便移兵于海中的南澳岛上，誓死恢复明室，反抗清朝，各方的勤王义兵，便相继而来，成功又在厦门设演武场，检阅兵士，因此军威大振。还派人去朝见桂王（在广西肇庆称帝），桂王封成功为延平王。

郑成功占了南澳、厦门，招集义兵以来，军威大

①　此时郑成功应为二十二岁。

国姓爷郑成功御真 清 佚名 台湾博物馆藏

采果 番社采风图 清 佚名 私人藏

振，便出兵攻破了漳浦、平和、诏安、南靖等县，又拥大兵南下，恢复了潮州各县。清朝听得成功的势焰，大为恐怖，派人与成功讲和，割让漳、泉、惠、潮四州的地方，以成功的兵士尽剃发归顺为条件。成功不听，还痛骂了使者一顿。又发了水陆兵士，分道齐出，攻破了漳州、泉州。成功以为南方渐有了根据地，便预备北伐，进到长江流域，以便号召中国的义兵，共同起来，恢复明室，于是改厦门叫作思明州，以表示他拥护明朝的意思。

郑成功把水陆军都整理得齐全，就亲自领军北伐，接连战胜清兵，由海道入江，沿江而上，直抵瓜州城下，清兵出城抵敌，成功兵奋勇进攻，把瓜州攻破了。成功随即渡江，乘胜又攻破了镇江。于是军威远播，沿江州郡，大为震动，芜湖首先向成功归附，接着不战而服的有几十县。成功的兵，得着这样大胜，不免有些骄傲，带着轻视敌人的心思，对于军事的警戒，也就疏忽起来，兵士们大半四出采樵（qiáo）去了，营垒（lěi）便成为空的，那清朝的将官，见着成功来势汹涌，早已吓得心惊胆寒，马上调集援兵，谋作坚固的防守；如今探听了成功的兵，似乎有懈可乘，便把所有的兵，尽调集起来，做一个猛扑。于是清兵一齐出战，好似山崩水涌一般；成功的兵，哪里防御得及，就被清兵打得大败，成功乘坐战舰，沿江下流入海。这时闽、粤各地，自成功这次败后，也尽被清兵攻破了；成功便谋入据厦门，作自己的根据地。但是厦门地势单弱、粮饷不足，不是持久之地，所以成功住在舟中很为了这事费踌躇呢。他的左右说道："台湾是君家的旧地，而且土地富足，君若是取了台湾，就不愁没有饷糈（xǔ）^①了。"成功听了，很是欢喜，就带了兵舰数百艘，向台湾进发。

原来台湾在明朝时候，还是一个荒凉的海岛，岛中所住的人民是红夷族，人数不多，并且不十分开化，岛中有许多肥饶的土地，不知道开垦，尽成了荒废之地。当崇祯（明怀宗的年号）年间，福建遭了旱灾，大闹饥荒，郑芝龙为要救济这饥荒，便拿出私人的钱财，招集饥民数万，每人给银三两，三人给牛一头，用海船运送到台湾，使他们去开垦荒地。从此

---

① 饷糈（xǔ）：军粮给养。

迎妇 番社采风图 清 佚名 私人藏

钦定平定台湾凯旋图（局部）清 佚名 私人藏

台湾开发了许多良田，收获丰富，但是每年要纳租于郑氏。后来岛上的酋长红夷族不答应，要争回这土地的管理权，于是郑氏所收的租税，就被红夷夺取去了。

台湾的地势，极为险峻，澎（péng）湖是台湾的门户，地势低下，外来的海舟，一到此地，便不能行了，必要换过轻舟，才能到达台湾。郑成功乘着海舰向台湾进发，正得着天助，恰遇海水大涨，澎湖水满，一直乘着海舰穿过澎湖，径到了台湾城下。台湾城里的红夷闭城坚守，那城筑得十分坚固，任是火药枪炮也不能攻破，成功攻了许久，心里正在焦灼起来。忽有台湾的福建侨（qiáo）民向成功献计说道："台湾城中没有井泉，要靠着城外高山的泉水，流入城中，供给饮料。若是据了高山，塞住水源，台湾必要自请投降了。"成功听了大喜，即刻命人占据高山、阻塞水源，不到三天，果然红夷自请归降。于是成功入据台湾，自称国王①。这时明朝已经灭亡，中国全部尽归清朝统治了，只有成功据守这海岛之上，还保持着汉族的衣冠，奉行明朝的年号，清朝几次

① 郑成功并未自称国王，曾受永历帝册封为"延平王"。

大员港市鸟瞰图（局部）明 佚名 荷兰米德尔堡哲乌斯博物馆藏

派人招降，成功不受。后来成功病死，他的儿子锦继位，仍然保持成功的态度，和清朝对抗。等到郑锦死了，锦的儿子克塽（shuǎng）继位，年才十二岁，国王能力薄弱，部下自相扰乱。清朝康熙帝发兵进攻台湾，台湾部众，自己崩溃，不能抵敌，就降服了清朝。

本文中与郑成功作战的红夷，并非不甚开化的台湾本土人，而是侵占台湾的荷兰人。自美洲新大陆被发现、大西洋新航路开辟以来，中国已不可避免地被卷入世界潮流之中，当时很多西班牙、葡萄牙、荷兰商人与海盗活动在中国的近海，与中国人进行贸易，同时也在海上杀人越货。中国人称这些西方人为红夷，明末清初威震天下的红夷大炮，就是由此而得名的。西方人在中国近海活动，不仅进行贸易和抢掠，还占据了一些海中岛屿。当时东南亚地区被西班牙、荷兰占去了许多岛屿，葡萄牙人占了澳门，荷兰人占据了台湾。那时候中西方的军事技术差距仍相对较小，由于明末战争频繁，对于新式武器需求量很大，因此西方最新的军事技术能够较快地传入中国。郑成功能在海上击败荷兰殖民者，迫使他们躲到陆地上的要塞里，也是因为配备了足够先进的武器。清军也曾大量使用新式武器。但后来太平日久，等到鸦片战争时，清军的武器装备不仅远远落后于英军，甚至比不上一百多年前的康熙时期，这是骄傲自大的心态和闭关锁国的政策所导致的。

清朝自统治了中国以后，防着汉族的反抗，常用了强暴的武力和残酷的手段来镇压汉族，汉族人民在它的淫威之下，只是敢怒而不敢言。后来清朝的政治更加腐败，一方面是贪官污吏尽情地剥削人民，闹得民不聊生；他方面是海禁初开，列强向中国施用侵略手腕。因此清朝国势便渐渐衰弱起来，尤其是鸦片战争，被英国战败之后，失地赔款，丑态百出，更引起人民不信任政府的恶感。于是革命的潮流，便在人民的脑海中，一天天激动起来，结果，就成功了太平天国的革命运动。

那时有个广东花县人，名叫洪秀全，他生性聪明，读书过目不忘，最好研究历史，古人的成败兴亡，他胸中都一目了然，见了当时清朝政治的混乱，官吏的贪残，和人民的困苦，便怀着革命的大志。后来恰好遇着明朝的后裔朱九畴（chóu）倡上帝会，而暗中却以恢复明室为职志，秀全很佩服这种革命的方式，就邀了同县的冯云山，投拜九畴为师，想借此纠合同志以造成他们的事业。不久，朱九畴死了，秀全被大家的拥戴推为教主。这时他们的革命行动，渐渐地暴露起来，清朝的官吏就要捕捉他们，秀全看得风色不好，同时因为入了耶稣教的人，官府不能治理，他便逃到香港，请英国牧师郭笠士^①给他施洗，从此做了耶稣教徒，借外国人的保护，官府便再不敢捕拿他了。

后来郭笠士看了秀全热心奉教，就派他到广西桂平县去做传教士，他得了这个好机会，便和当地的豪杰杨秀清、石达开、萧朝贵、韦昌辉等，互相勾结起来。恰好地方起了匪乱，他们便创立保良攻匪会，意图借这名义，练些民兵，以为将来颠覆清朝的基本军队；但是秀全恐怕自己的威信，还不足以号召群众，就想出一个最神奇的方法，去取得大众的信仰，忽然假装暴病死去，睡了七天七夜，醒来对人说道："我并不是死了，是上帝召我说话。"人家问："上帝向你说些什么？"他答道："上帝说，不久便有大劫降临，

故事三十六·太平天国

———

① 郭笠士，应为郭士立，英国牧师。

你们若不信奉耶和华——上帝——便都要死亡！”又说："上帝的大儿子叫作耶稣，我便是上帝的次子，你们只要听从我的话，便可以保你们不死。"人们看着他有这样神奇的本领，就风起云涌地加入教会，而且都死心塌地听他的指挥。他既然得着大众的信仰，那保良攻匪会便天天地扩大，招军买马、积草屯粮，势力着实不小。因此惹起官府的注目，被桂平县官用一种欺骗手段，将秀全捕捉了。也是秀全合当不死，遇着广西的巡抚郑祖琛（chēn），是个信佛的人，以为人命重大，不愿穷治①株连，便把秀全释放了。

秀全自经官府释放回来，便召集他的旧部，在桂平县的金田村起事，揭起义旗，反抗清朝，于是杨秀清、石达开、韦昌辉等，也都起兵，会合于金田村，和官军相拒。清朝派了广西提督向荣，领兵进剿，秀全带了义兵对敌，大战清兵于金田，把清军打得大败，清军的副将伊克坦布也被秀全杀了。秀全乘着胜势，接连战败清军，得着不少地方，一直攻破永安，就建号为太平天国，自称天王，叫兵士和人民，都蓄满

① 穷治：彻底查办。

克复岳州图（局部）平定粤匪图 清 佚名 台北『故宫博物院』藏

攻克江浦浦口二城力破九洑州诸隘图（局部） 平定粤匪图 清 佚名 台北「故宫博物院」藏

头发，改着汉族的衣冠，同时并封杨秀清为东王，萧朝贵为西王，冯云山为南王，韦昌辉为北王，石达开为翼王。

于是清廷震恐，派了大兵数十营围攻永安，这是清朝竭尽全力，而太平军又属草创的时候，着实被清军围得紧急。太平军没有办法，只得从永安城杀出一条血路，向北走到阳朔，清兵还是穷追不舍，天王把部队集合，和清军决一死战，果然把清军打得大败，太平军便一直进攻桂林，桂林的清将，闭城死守，太平军围了月余，不能攻破，便解围北上，走入湖南。这时湘江水涨，天王率了舟师，沿江东下，想一直进攻长沙。清将江忠源带兵扼守湘江的蓑（suō）衣渡，这渡很狭，两岸的林木又盛，忠源多张一些旗帜，设为疑兵①；太平军望着兵势太盛，先自心慌起来；忠源迎头痛击，太平军便被清兵打得大败，南王冯云山中炮死了，天王弃了辎重，登岸陆行，逃到永州。随即集合兵士，攻破了道州、衡州、桂阳、郴（chēn）州，于是太平天国的军威，才又振兴起来。

---

① 疑兵：为了虚张声势、迷惑别人而布置的军队。

天王统兵驻在郴州仍然要围攻长沙，便派了西王萧朝贵带着轻兵，去袭攻长沙，长沙没有攻破，西王反中炮死了。天王听得西王阵亡，就兴起大兵向长沙进攻，把长沙城围得水泄不通，凿了地道，用地雷去炸裂城墙，清军死力拒守，城被炸缺，随即又补好了。天王攻了许久，不能攻破，便弃了长沙，出洞庭，下岳州，得着清兵防江的兵舰几千艘，水陆并进，攻破了汉阳、武昌。于是太平天国的军威大振，人数达五十万，兵舰有几万艘，又沿着大江东下，帆樯（qiáng）①蔽江，陆军夹着两岸行走，就破了安庆，进围金陵，环着金陵城筑起堡垒，水陆军号百万，昼夜攻城，不到月余，竟把那龙盘虎踞②的金陵城攻破了，清朝两江总督陆建瀛也捉来杀了。

天王既破了金陵，就改金陵为天京，毁总督署为王宫，定出许多新的政治，男女平等，女子可以与（yù）③考试，设有女官，宗教只许信仰上帝，其余僧尼道士，概予禁止。他的政治，以现在的眼光看，

① 帆樯（qiáng）：船帆和桅杆。
② 龙盘虎踞：像龙盘着，像虎蹲着，形容地势险要。也说"虎踞龙盘"。
③ 与（yù）：参与。

固然有不好处；然而比较当时的清朝，着实进步得多。但是天王自建都金陵以后，大修宫殿，宫中自后妃以下，侍妾多至数十人，脱不了古代帝王的恶习。天王日居深宫，臣下很难见面，一切国事，尽由东王杨秀清处理，因此惹起自相残杀的祸乱，而太平天国的末运，就随着到了。

　　杨秀清是一个德行最坏、野心极大的人，他自独揽大权以来，穷奢极侈，而且生性骄傲，对待同僚，一无礼节，所以朝中大臣如石达开、韦昌辉等，便和他结下深深的恶感。他还以为自己的功劳很大，勾结党羽，阴谋自立为天王。洪天王见了秀清的阴谋，深自恐惧，便啮（niè）①破自己的手指，写了一封血诏，召北王韦昌辉入京。北王奉了这命，就率精卒五百赶来，夜间走到城下，守城的卫士阻住说道："没有东王的令箭，不许开城。"北王怒道："我奉了东王的密令，星夜②赶来，你们若要阻我，难道我不能杀你们吗？"卫士恐惧，只得放他入城。他便冲入东王府，口里说道："奉诏讨贼，顺从我的无罪。"府中卫

---

① 啮（niè）：啃咬。指用牙上下相交，一点一点地咬下，多用于动物。
② 星夜：夜晚，多用于连夜在外面活动。

克复金陵图（局部）平定粤匪图 清 佚名 台北『故宫博物院』藏

士不敢战斗，他一直迫近秀清的卧内，秀清蜷（quán）缩伏在水阁的下面，昌辉把秀清捉了，下在狱中，还把秀清的全家都诛杀了。洪天王听得这番变乱，吓得紧闭宫门。韦昌辉从东王府出来，便叩开宫门，称说道："已捕获了反贼，请天王的旨意。"天王听得秀清全家被杀，以为昌辉太专横了，便想赦免秀清的罪。昌辉大怒，自己命人把秀清杀了，还杀了秀清许多的同党。

这时石达开领兵在湖北，听得出了乱子，马上赶回天京，对于韦昌辉的横暴，着实当面责备了一番。昌辉大怒，就要把达开一并谋杀。达开知道了，忙趁着夜间用绳缒（zhuì）①出城外，走到宁国。昌辉没有杀得达开，便把达开的老母和妻、子女，都一概杀了。天王见了昌辉的横蛮，大为恐惧，便约了秀清的余党，同攻北王府，昌辉逃走，渡过了江，被巡逻的人捉了。解送天京，把昌辉杀了，也一并杀了昌辉的全家。

天王把昌辉的头，送到宁国，并召了石达开回京。石达开回到天京，一些朝臣都荐达开继续杨秀清的位

---

① 缒（zhuì）：用绳子拴住从上往下送。

置，辅佐朝政。但是天王自杀了杨、韦以后，对于石达开也异常疑忌。达开心里怀着不安，深自危惧，便出京走安徽，以后再没入过天京了。从此同起事的诸王，相继尽了，于是又封陈玉成为英王，李秀成为忠王，共封了九十多个。军事由忠王负责，内政就由天王的兄弟安王洪仁发和福王洪仁达二人掌管；但是这"二洪"性都贪险，狼狈为奸，太平天国的国事，就不堪问了。

清朝命了曾国藩在湖南倡办团练，因此起了湘军，收复了武汉，攻下了安庆，还有清将李鸿章围攻淞（sōng）沪，左宗棠进攻衢（qú）州，太平天国的四方八面，着着吃紧，只亏了忠王李秀成东奔西杀，撑持这危难的局面，却也疲于奔命。后来清将曾国荃（quán）攻陷芜（wú）湖，进围金陵，围攻三年之久，城中粮绝食尽。李秀成劝天王出外就食，天王不肯，对人说道："我自金田起义，做了十三年天王；只今兵败势穷，股肱（gōng）①丧尽，即令走出天京，又到何处安身呢？我已决定和此城共生死了。"后来

---

① 股肱（gōng）：大腿和胳膊，比喻辅佐帝王的大臣。

给孩子的中国历史故事 4

清兵攻城日急，天王看到大势已去，慷慨向左右说道："古来岂有被俘囚的帝王吗？我是宁肯自尽，决不受满奴的侮辱的。"于是他就服毒死了。天王死后，臣下奉了天王的儿子福瑱（tiàn）即天王位。不久，清将曾国荃攻破了天京，福瑱逃到江西，又被清军捉着杀了，太平天国的命运，便从此告终。

太平天国以拜上帝教起事，虽然声称拜上帝，但与西方的基督教有很大差别。最初有一些西方人看到太平天国也敬拜上帝，便认为与他们有共同的信仰，产生了一些好感。后来了解多了西方人才发现这根本不是一回事，也就不再有外国人亲近太平天国了。外国人反而和清军联合起来进攻太平军。在国内，太平天国吸引了大批贫苦人民加入反清行列，而士大夫对他们极为排斥，主要是因为士大夫们视太平军为逆贼，不愿与之同流。另外一个很重要的原因是太平军的信仰问题。太平天国要求信拜上帝，人人结为兄弟姐妹，这与儒家的尊卑等级观念是格格不入的，深受儒家思想熏陶的士大夫们无法接受太平军不敬拜父母只敬拜天父（上帝）天兄（耶稣）的行为。曾国藩发布《讨粤匪檄文》，抓住太平军不遵纲常名教这一点拼命攻击，抛开保卫清政府不谈，号召天下人为捍卫儒家道统而战，在当时影响很大。

历史原典研读

曾国藩《讨粤匪檄文①》

⋯⋯

自唐虞三代以来，历世圣人扶持名教，敦叙人伦，君臣、父子、上下、尊卑，秩然如冠履②之不可倒置。粤匪窃外夷之绪，崇天主之教。自其伪君伪相，下逮兵卒贱役，皆以兄弟称之，谓惟天可称父，此外凡民之父皆兄弟也，凡民之母

---

① 檄文：这里指声讨敌人的文书。
② 履：鞋。

皆姊妹也。农不能自耕以纳赋^①，而谓田皆天王之田；商不能自贾以取息，而谓货皆天王之货；士不能诵孔孟之经，而别有所谓耶稣之说、《新约》之书，举中国数千年礼义人伦《诗》《书》典则，一旦扫除荡尽。此岂独我大清之变，乃开辟以来名教之奇变，我孔子孟子之所痛哭于九原，凡读书识字者，又乌^②可袖手安坐，不思一为之计耶？

自古生有功德，没则为神，王道治明，神道治幽，虽乱臣贼子穷凶极恶亦往往敬畏神祇（qí）。李自成至曲阜亦祀圣庙，张献忠至梓潼亦祭文昌。粤匪扰郴州之学宫，毁先圣之木主，十哲两庑（wǔ），狼藉满地。嗣是所过州县，先毁庙宇，即忠臣义士如关帝岳王之凛凛，亦皆污其宫室，残其身首。以至佛寺、道院、城隍、社坛，无庙

---

① 赋：征收（赋税）。
② 乌：疑问代词，哪儿，何。

不焚，无像不灭。斯又鬼神所共愤怨于冥冥之中者也。

本部堂奉天子命，统师二万，水陆并进，誓将卧薪尝胆，殄①（tiǎn）此凶逆，救我被掳之船只，拔出被胁之民人。不特纾（shū）②君父宵旰之勤劳，而且慰孔孟人伦之隐痛。不特为百万生灵报抢杀之仇，而且为上下神祇雪被辱之恨。

是用传檄远近，咸使闻知。倘有血气男子，号召义旅，助我征剿者，本部堂引为心腹，酌给口粮。倘有抱道君子，痛天主教之横行中原，赫然奋怒以卫吾道者，本部堂礼之幕府，待以宾师。倘有仗义仁人，捐银助饷者，千金以内，给予实收部照，千金以上，专折奏请优叙。倘有久陷贼中，自找来归，杀其头目，以城来降者，本部堂收之帐下，奏受官爵。倘有被胁经年，发长数寸，临阵

---

① 殄：消灭。
② 纾：解除。

弃械，徒手归诚者，一概免死，资遣回籍。在昔汉唐元明之末，群盗如毛，皆由主昏政乱，莫能削平。今天子忧勤惕厉，敬天恤民，田不加赋，户不抽丁，以列圣深厚之仁，讨暴虐无赖之贼，无论迟速，终归灭亡，不待智者而明矣。若尔被胁之人，甘心从逆，抗拒天诛，大兵一压，玉石俱焚，亦不能更为分别也。

　　本部堂德薄能鲜，独仗忠信二字，为行军之本，上有日月，下有鬼神，明有浩浩长江之水，幽有前此殉难各忠臣烈士之魂，实鉴吾心，实听吾言。檄至如律令，毋忽！

中国的对外政策，自元明以来，都能保持着历史的光荣。一到了清朝，海上的交通日繁，和外国的交接也日多了；而且西洋诸国的社会情状，又从封建贵族制度，变而为资本帝国主义，它们的侵略弱小国家，除掉武力侵略之外，又加上一种杀人不见血的经济侵略。所以对于东方一块地大物博①的中国，列强没有不想插进它们的势力；但是当清朝初年的时候，好似纸糊的纱窗，内容还没被人窥破，外国人到中国来，须得中国的允许，还要受各种限制，中国不失为一个完全主权的国家。

本来外国人来中国经商的，是开始于葡萄牙国，在明朝时便租借了澳门为通商地，每年纳地租银

---

① 地大物博：土地广大，物产丰富。

五百两。后来英国和葡萄牙争东洋海上的权利，葡萄牙敌不住英国，便承认英国也有出入澳门的利权。英国人威代尔率舰队到澳门，明朝不许登岸，英舰便冲至虎门，和守兵就起了战衅^①，攻陷了炮台，明朝的官吏大惊，允许英人在广东河口通商，方才了事。明亡之后，郑氏据台湾，英国又和郑氏交涉，复得允许在台湾的安平和福建的厦门两处通商。到清朝康熙年间，英人请在厦门建立商馆，清朝不答应；乾隆时，英国派了使者来中国，请求改良通商章程，要求减税和自由传教，并请设立商馆于北京，这时适逢清高宗皇帝的八旬万寿，特别破格优待外人，允许英国使者以见本国国王的礼谒见，而对于英国所请求的，尽行驳斥不准。嘉庆时英国又派了使者来北京，用重金贿（huì）通朝中大臣，再行提出前次的请求，而清廷认为是朝贡的使者，便完全不把他看在眼里，居然袭用天朝对待夷狄的办法，叫他跪跪拜拜进宫朝见。英使不明白中国的仪节，因为必须觐（jìn）见^②皇帝，只得屈从，及至进了太和殿，不独没见着

---

① 战衅：引起战争的事端。
② 觐（jìn）见：朝见（君主）。

皇帝，而且一班臣下，还叫他向皇帝的虚座磕头，于是英使以为侮辱了他们的国格，便怒冲冲地退出朝门，所请求的概不得要领，就怏怏地回国了。道光时，广州湾所停泊的英舰，被广东民众攻击，颇有损伤。清朝官吏袒护广东民众，不问罪，并且严征关税，禁止英国女子登岸，英人没有办法，只得退出澳门。

据上文的事实看来，清朝初年时，内容没有揭破，外国人还存着畏惧中国的心理；而清廷一味自尊自大，不懂得外交手腕，并且政治日益腐败，实力日趋衰弱，等到和英人鸦片战争一开，大遭失败，从此内容揭破，招了各个帝国主义一齐进攻之祸。继续鸦片战争的，就有英法联军、中日战争、庚（gēng）子联军，中国尽受了大大的挫败，不独失地赔款，而且侵犯到国内的政治，逼着清朝承认关税协定权、领事裁判权、租界管理权，把中国弄到次殖民地的地位，到九一八，更有日本倭（wō）奴仗着横强，只用几个月的工夫，赶走张学良几十万大兵，占据我国东三省几十万方里的土地。我们看了这部痛心史，一面追溯起源的鸦片战争，痛恨清朝的政治腐

败，传下了这弥天大祸^①；一面要责备民国成立以后的国民，太负不起国民的责任，若再不奋发图强，那就除做亡国奴外，没有第二条路走了。

话又仍说到鸦片战争来，原来英人自代理葡萄牙握着东洋的贸易权后，在印度广种鸦片，销到中国来，一面国人也嗜好它，因之鸦片的销路日就畅旺，实在有惊人的数量，据广东一省的统计，一年中英商输出的银数在几千万两。清廷因感觉银货的日缺，恐怕有危及国家的根本，才知道鸦片的害处，始议禁止鸦片，立法很严，"有家藏烟具者死"的条文。后来林则徐做两广总督，见了鸦片的盛行，就大为恐惧，以为鸦片的祸害，不独国家金钱外溢^②，而且是亡国灭种的祸根。他奏报清帝的大意说："鸦片不禁，必至国家日贫，人民日弱，过了几十年后，国家将没有可筹的饷，并且没有可用的兵了。"清帝听了这种沉痛的议论，也自醒悟，就命了林则徐为钦差大臣，查办广东海港事宜。

林则徐到了广东，就雷厉风行，先行把在英商馆

---

① 弥天大祸：天大的灾祸。
② 外溢：容器里的液体满了流出来，比喻财富外流。

出入、贩卖鸦片的华商数人捕捉了，杀在英商馆前示威；又通知英商馆，限令三日内将鸦片全数交出；英商馆置之不理，林则徐派了吏卒百人，用武力勒令英商交出鸦片，英商不得已，交出鸦片千三百余箱，则徐知道还藏匿了很多，说英商违抗命令，尽把英国领事以下的人捕捉了，下在狱中，又禁止人民供给商馆的食物，并夺去英人的船舶，绝他们的归路。英人大困，没有办法，于是交出鸦片两万多箱，并向则徐谢罪。则徐把英人尽释放了，又将英商交出的鸦片尽行焚烧。英人被放出来后，都怏怏地回国，各国的商人也跟着回国，外国人在广东的商务，因这鸦片事件，一时竟衰落了。

从此清朝禁烟，更其严厉，有违背的，实行处以死刑；各国的商船，都要到清政府填具"夹带鸦片者没官正法"的切结①。只有英国领事义律，不肯承认，要请林则徐派员到澳门去会议。林则徐不准义律的请求，又令人民断绝英商的食物。英人又处在危困中，义律只得请示英国的政府。英国政府因为

---

① 切结：表示切实负责的保证书。这个词现在还在台湾地区沿用，在港台语词中"切结书"表示书面的保证文件，类似普通话中的保证书。

从广州河南远眺十三行商馆区及明轮蒸汽船 清 佚名 私人藏

受了清朝历来的积愤，便不顾了一切，很带着几分冒险性，命了印度总督派军舰至澳门。林则徐听得这个消息，便大修军备，严密布防，等得英舰一到澳门，林则徐挥令兵士实行攻击，焚烧英舰二艘，英兵抵敌不住，只得弃了澳门，转攻厦门，乘着不备，又把定海攻陷了。

这时清朝的官吏，听到和外国开了战祸，个个吓得手足无措，都归咎（jiù）①林则徐处理不当，肇（zhào）生祸端。英兵见了清朝发生恐慌，就大胆起来，把军舰直开到天津，向直隶（lì）总督琦善提出很苛刻的条件。清廷不但不加以驳斥，而且令英兵还广东听候办理，随即把林则徐的两广总督职罢免了，令琦善代理。琦善一到广东，尽把从前林则徐的战备撤去，以表示和英人亲善，并且允许赔偿英国的烟费七百万元。英国领事义律见了琦善这般庸懦可欺，便进一步地要求中国割让香港给英国，马上率了兵舰攻陷虎门外的两个炮台，做强制的要挟。琦善着了慌，便允许割让香港，开放广州，和英领事订立草约，英国才把

---

① 归咎（jiù）：归罪。

虎门外的炮台缴还了。

清帝听得英兵攻陷虎门，琦善许割香港，便大为发怒，命将军奕（yì）山率兵一万一千，尚书隆文率豫、黔（qián）、桂、赣（gàn）各省兵两万，提督杨芳率满洲湖南兵一万，齐赴广东进讨，并且革除琦善的官职。英兵知道这消息，乘着大兵未到，先把横当虎门的各炮台，尽攻陷了，随着英国印度的海、陆军，又开到广东，把珠江的要塞，都一齐占据。等得清朝的大兵开来，已没有办法，英兵扼着险要，又进攻清军的兵舰，烧毁几百艘，一直进攻到广州的城下，广州城外已经起火，城内的秩序也紊乱了。奕山便向英兵求和，订休战条约，允赔偿英国军费六百万元，六日内交清，英兵才退出广州。奕山把兵败的事遮掩，只说和英国讲和，报告清帝。清帝还追论林则徐开衅^①的罪，罚林则徐遣发到伊犁（lí）。

英国骗得了奕山六百万元后，又和奕山开谈判，以为从前的休战条约是暂时的，若要永久的休战，须

① 开衅：引起争端，挑起战争。

中国承认英国所提各种条件，并割让香港。奕山以不得清帝的允许回答。于是英兵又攻陷厦门和舟山列岛。还攻破了镇海和宁波，钦差大臣裕谦投水死了，百姓死几千人。清朝又派了大臣奕经调兵数万，开赴浙江援救，尽被英兵打败。英兵又攻破了乍（zhà）浦，进攻到上海，提督陈化成率兵抵御，击沉英国兵舰二艘，忽然一颗炮弹飞来，把陈化成打死，清军遂乱，上海又被英兵攻破了。于是英舰共计七十三艘，沿着长江而上，陷了镇江，进攻南京。清廷恐慌到万分，命耆（qí）英、伊里布、牛鉴（jiàn）为讲和全权大臣，向英兵求和。就在南京和英国领事璞（pú）鼎查订立条约，就是所称的《江宁条约》。中国自订立了这次辱国条约，就成了刀俎（zǔ）上的鱼肉①，任列强宰割了。现在把这条约的大意，写在下面：

一、赔偿军费一千二百万元，偿烧鸦片费六百万元，偿还商欠债务三百万元。

二、割香港全岛永远与英。

———————————

① 刀俎（zǔ）上的鱼肉：比喻自己处在被宰割的地位，生杀大权掌握在别人手里。典出《史记·项羽本纪》，"如今人方为刀俎，我为鱼肉"。俎是切肉时垫在下面的砧板，刀俎指宰割工具。

给孩子的中国历史故事 4

三、开广州、福州、厦门、宁波、上海五口通商。

四、以后两国往来用平等款式。

看了上面的条约，除失地、赔款以外，对于原来的禁烟问题，一字不提，后来鸦片的输入，日益加多，以致鸦片的流毒，到现在还没绝灭。

文史充电站

    本文中的《江宁条约》，现在一般称作"南京条约"。《南京条约》的主要内容，除了本文所列，还有一项协定关税，即英国在中国进出口货物的关税税率，须由中英两方协商决定，这标志着中国关税自主权开始丧失。《南京条约》签订后不久，清政府又与英国签订了《五口通商章程》与《虎门条约》，作为对《南京条约》的补充。这些条约中所规定的领事裁判权一项，当时并不为清政府所留意，最后却被证明是《南京条约》及其附件中对中国损害最大的条款。领事裁判权，即英国人若在华犯罪，须交由英方按照英国法律惩处，这损害了中国的司法独立，同时为以后列强在通商口岸纷纷建立租界，逍遥于中国法律与政府管辖之外埋下了祸根。《南京条约》签订后不久，清政府分别与美、法两国签订《望厦条约》和《黄埔条约》，由此美、法取得了英国在《南京条约》中除割地、赔款外所有的权益。

清朝自鸦片战争以后，接着是英法联军、中日战争，着着失败，受了外人的压迫，承认割让土地，租借商埠（bù）^①，还允许外人在中国采掘矿山，修筑铁路，从此外国人的势力，在中国大肆活动。一般人民因为激于爱国思想，就不免怀着嫉恶外人的心理。

还有外人得在中国自由传教的允许，于是中国内地遍布了外国的传教士。教士们乘着中国国权衰弱，凡关于教徒和平民的争讼，不论教徒理由的曲直，都加以极端的援助。而中国官吏又惧怕外国的强权，见了外国教士，莫不唯唯听命。所以教徒和平民的争讼，中国官吏也要袒护教徒的。因此地方的土豪劣绅（shēn）^②都投入教会里，做护身符，以欺压平民。

① 商埠（bù）：帝国主义国家胁迫他国开放的通商地区。
② 土豪劣绅（shēn）：泛指地方上有权有势、作恶多端的地主、恶霸。

平民和教徒就成了两个壁垒^①，各地民众，对于教士和教会，莫不痛恨到了极点。

这时朝廷中分为二派，德宗皇帝因为要图发愤自强，引用^②了康有为、梁启超等，力谋革新政治，就是新派。清朝的皇族诸王公们拥护孝钦太后，主张维持原状，就是旧派。新旧两派的竞争，日益激烈，仇恨也愈深了。后来孝钦太后竟致大杀新派，康、梁逃走海外；把德宗皇帝幽居在南海，还要把德宗废掉，另立皇帝；但是这废帝的举动，不独有清朝大臣抗议力争，而且各国公使都出来反对。因此孝钦太后不敢行废立的事，但暗里却痛恨外人干涉中国的内政，她的排外心思，就为旧派人一致的政策了。

排外的心思，是当时中国人所同具的，不过新派的排外，是有方法的，要改良政治，力图自强，自己立于不败的地位；然而新派是失败了。至于朝中当权的旧派，和一般群众，以及乡村的农民，都有很激烈的排外思想，但是都没有方法，只是一味横蛮地排斥罢了。他们的思想虽同，出发点却各自不同：前者——

---

① 壁垒：原义是古时军营的围墙，比喻对立的事物和界限。
② 引用：任用。

旧派——是为着妨害自己的利益；后者——群众和农民——是激发于爱国的思想和亲自受了外人的压迫而起的。但是因为目的相同，容易结合，就闹出"拳祸"来，使中国更陷于万劫不复的地位。

拳祸的起源，是起自义和团，为白莲教的一种，自言焚符诵咒，可以避得枪弹。团中的首领是张德成和曹福田，都是直隶的无业游民。他们仗着教中的神话，去欺骗民众，得到普遍的信仰。德成在天津静海县时，见着一班少年正在练习拳术，他看了冷笑几声，少年便去问他的缘故，他回说道："你们练习的不是神拳，请看我的神拳吧！"就取了一根秫秸（shújie）^①，把黄纸包裹放在地上。对大众说道："谁能拾起这秫秸吗？"就有许多壮士同去抬起这根秫秸，连动也不能动。于是群众惊服，称为神师，设坛传教，远近的青年，都来学习。福田初到天津时，走到土城楼上，问人道："何方是外国人的租界？"路人便指着东南方。他就伏在地上，向东南方连连地磕头。许久方才起来，对人说道："租界中的洋楼，已经被火焚毁了。"那

时观众渐多，望着东南方上果然火起，就称为神人，等他走到城内，商民都跪着迎接。他们既得到民众的信仰，归附的愈多，就竖起"扶清灭洋"的旗帜，以谋得到官府的保障。他们探得山东巡抚毓（yù）贤崇信拳教，憎（zēng）恶洋人，就率了党羽，走到山东。果然大得毓贤的奖赏。于是山东时有焚烧教堂、杀害教士的事发生，毓贤加以袒护，拳众愈横蛮不可制了。后来清廷因受了外国公使的责备，才把毓贤召回，以袁世凯代理山东巡抚。

袁世凯是个比较有知识的人，一到山东，便极力调和民教，派队捕捉拳党，杀了几个头目，不到几个月，拳党的势大衰，山东境内不能容了。于是拳党又窜回直隶，直隶总督裕禄不加禁止，大为崇信，拳党的势焰，又伸张起来，京津一带，拳厂坛场，随处皆有。裕禄还将张德成、曹福田的名目，入奏皇太后，称为义勇，可备国用。皇太后很是欢喜，召了曹福田入京朝见，称为大师兄，赏银二千两，从此朝中亲贵，都争相信奉拳教，设坛建醮（jiào），香烟满城，京中的拳党数万，来来往往，好像蝗虫一般，大局就不可收拾了。

义和团既经得势，拳众便异常猖獗，在京焚杀教民，没有人敢过问。只有直隶提督聂士成，不附和义和团，率兵剿杀拳党四百余人，端王载漪（yī）大怒，把聂士成调往芦台。于是京中有兵权的，都属拳党了，势焰更盛，恰有日本书记杉山彬，从永定门出，拳党遮在路中把杉山彬杀了。同时焚烧右安门一带教民所住的房屋，教民无论老幼男女都尽杀了；又焚毁了顺治门的教堂，北京城内真个是闹得杀气冲天，乌烟障地；正阳门外的商场是最繁盛的，拳党也放起火来，烧了四千多家，几百年的精华，尽被烧毁了。

端王载漪倡议围攻各国公使馆，尽杀外国使臣，朝中大臣明白事体的如徐用仪、立山等，都力争不宜开衅，惹得皇太后大怒，将他们杀了。于是下诏宣战，命庄亲王载勋为总统，统率官军和拳众，围攻东交民巷（即公使馆地），拳众披发禹步[1]，登屋号呼，声动天地，围攻月余，不能攻下，反被公使馆的炮火，死伤千余人。拳众又在京中，大肆劫掠，统兵官不能制止，王公大臣的家中，都被拳众劫掠了。

---

[1] 禹步：跛行。相传大禹治水过于劳累，腿脚有病，走起路来东倒西歪，称为禹步。也指巫师道士作法的步法。

战事发生，日本首先和英国商同①，出兵平乱，于是联络法、美、俄、德、奥、意，一共八国联军，合攻天津，这时提督聂士成防守天津，尽力抵御联军，但是士成前杀了许多拳党，为拳众所恨。一天，拳党乘着士成正在和联军酣战②的时候，拥入他的家中，将他的老母妻子都捉去了。士成愤急极了，一面发部下去追攻拳众，一面誓死冲入联军，身中数弹，肠裂而死。士成死后，天津就被联军攻陷了。联军又进攻杨村，直隶总督裕禄中弹殒（yǔn）命③，联军破了杨村，就沿白河进河西务。清廷听得北仓、杨村都被攻陷，便命李秉衡前往河西务视师，秉衡请带拳众三千同往，亲自去拜别大师兄。拳众都手持引魂幡（fān）、混天大旗、雷火扇、阴阳瓶、九连环、如意钩、火牌、飞剑，叫作八宝，前后拥护着秉衡而行。秉衡一到河西务，就遇着联军，被联军打得大败，全军溃散，秉衡逃到通州，自己无面对得朝廷，便自尽了。联军就一直进攻北京，日本的决死队，在朝阳门和东直门下，

---

① 商同：串通。
② 酣战：激烈战斗。
③ 殒（yǔn）命：丧命。

時局圖

時局圖 現代 謝纘泰 私人藏

大水法正面 圆明园铜版画 清 郎世宁 北京故宫博物院藏

装置炸药，把电线做引导，两门先后破裂，日军好像潮水一般，涌进城中，各国的军队，相继入城，皇太后和德宗慌忙出城逃走，经过太原，走到西安。其余大臣官吏自己尽节死的很多，外兵又肆行劫掠，公私宝物和皇都数百年的精华，尽被外兵抄没了。

联军破了北京后，俄国向中国表示好意，首先主张议和，后来经各国的赞同，由八国公使会议媾（gòu）和①的条件，清朝派了庆亲王奕劻（kuāng）和两广总督李鸿章为媾和全权大臣，在北京订立条约，就是所称的《北京条约》②。大要如左③：

一、遣亲王赴德谢杀使臣罪，且于遇害处立碑。

二、惩办首祸诸臣，虐杀外人各地方，停考试五年。

三、日本书记被杀，派专使谢日廷。

四、各国坟墓被污或挖掘，各立碑雪侮。

五、二年内禁兵器弹药及其原料入口。

六、中国皇帝，允付诸国偿款海关银四百五十

---

① 媾（gòu）和：交战国缔结合约，结束战争状态。
② 即《辛丑条约》。
③ 如左：原书为竖排文字，从右至左阅读，故称。

兆两。

七、割使馆区域，留卫兵保护，中国人不得入居之。

八、大沽（gū）至北京各炮台，尽削平之。

九、承认各国占领京师及天津山海关各处要塞。

我国丧失国权的条约，以此为第一。和议成功后，联军就退出北京，皇太后和德宗才又回京来。但是这次祸乱，南方没受影响，因为南方各督抚如刘坤（kūn）一、李鸿章、张之洞、许应骙（kuí）等，都不从诏命，禁止拳党，并且和外国领事团订立东南互保的条约，所以南方得保安然无事。

义和团运动集中反映了 19、20 世纪之交的中国社会诸多方面的情形。当时主要资本主义国家已基本完成第二次工业革命，政治、经济、思想观念等都发生了巨大的变化。应该看到，当时中国的落后是全方位的，中国经济、科技、军事不如西方，延续了两千多年的封建专制早已被西方民主冲击得千疮百孔，民众的认知水平更处于两个时代。在当时的情况下，饱受苦难的广大中国民众面对列强欺凌也没有太多更好的选择。所谓的"神功"在列强的枪炮下不堪一击，面对西方近代文明，依靠民间迷信以及血肉之躯的反抗注定是一场悲剧。义和团运动的失败，不是因为其反抗精神，而是对世界缺乏清晰的认识，没有找到正确的反抗道路。后来慈禧为首的清政府为了自保，主动配合列强绞杀义和团，由此失去了民众最后的支持。之后清政府推行新政，主动学习西方，虽然也取得了诸多成就，但人民看到了它对待义和团的残忍与背信弃义，已经不再相信它能够带领中国人民走出苦难，反而反清革命的思想渐渐为越来越多的人所接受，封建帝制也终于走到了历史尽头。

清朝外交着着失败，丧权辱国的条约也订过好几次，然而政治仍是腐败，不肯改良，就有许多有志之士，一来为防救亡国的惨痛，二来不甘居于清朝压迫之下，便起来谋革命的运动。

康有为、梁启超等的新派，也要算是当时的革命分子，但是他们的革命，是不彻底的，只把君主专制改为君主立宪，纵使他们的革命成功，对于普通的小百姓，仍然得不到好处；然而他们的政策，只经德宗皇帝信用了几十天，就被孝钦太后所反对，新派分子杀的杀、逃的逃，所以当时的人民，见着清廷这样的行为，就知道非彻底革命，是不足以救危亡的。于是革命的怒潮①，便澎湃（péngpài）②起来，结果，成立了中华民国。

---

① 怒潮：汹涌的浪潮，比喻声势浩大的反抗运动。
② 澎湃（péngpài）：形容波浪互相撞击。比喻声势浩大，气势雄伟。

国民党总理孙中山先生便是当时革命运动的领袖。他生在广东香山县的翠亨（hēng）村，少年时，听得乡人谈太平天国的故事，他便自负要做洪秀全第二，等他年已长成，见着清朝的政治腐败，异常愤激，及中法战败以后，他就决定了颠覆清朝的志向，交结一些革命的同志，成立了兴中会，专事鼓吹革命。在中日战争^①的一年，他和几个同志，在广州谋起事，事机不密，被官府先知道了，官府派人捕捉，有几个同志被杀，他只身逃脱，逃到英国的伦敦，又被清朝驻英公使龚照瑗（yuàn）的骗诱，引至公使署中，要秘密送回中国。正在危急的时候，恰有他在医学校时的教师康得黎（英国人）知道了这消息，忙报告英政府，说中国公使在伦敦逮捕人犯，违犯法律；于是中国公使才把他释放了。自此国中都知道孙文（中山名文）是一个革命党的领袖；但是报上讲到孙文，都要把"文"字旁加上三点水作"汶"，形容他和强盗乱贼一样，以为这位姓孙的有什么红眉毛、绿眼睛，是最厉害的公道大王，想不到他是美秀而文，真是不愧

---

① 指 1894—1895 年的甲午中日战争。

名"文"的。

中山走遍了欧洲、美洲、日本、安南，一面鼓吹革命，一面招纳同志，这时清朝预备立宪，送了许多学生到外国留学，这些学生一到外国，都赞成中山的主张，因此他的同志就日益加多。于是把兴中会的名目取消，在日本正式成立中国同盟会，入会的人，中国各省人都有，势力便及于国内，而中山便为全国公认为革命领导人物，不像从前被国人所骇（hài）怕了。中山在这时就立定了三民主义，只要看了同盟会员入会的时候亲书的誓词，便可知道。誓词上写的是："具愿书人某当天发誓，驱逐鞑（dá）虏，恢复中华，建立民国，平均地权，矢（shǐ）信矢忠，有始有卒，倘有食言，任众处罚。"出是派了会员回国，运动革命，一面联络新军，一面联络会党，在国内做过几次轰轰烈烈的革命运动，都被清朝的暴力镇压住了，还牺牲了许多同志。但是他们的革命精神，不屈不挠，再接再厉，最后的黄花岗一役，损失尤其重大，马上就促进了辛亥革命的成功。

黄花岗一役是革命党人用尽全党的人力和财力以图大举的。先在槟榔屿（Bīng Láng Yǔ）决定了大计，

袁世凯剪辫子 现代 法国画报《小日报》载

由广州发难，派了黄兴、胡汉民等先赴香港组织统筹部。他们便运动了广州的新军，派定党人八百人做先锋队，分为十路，约期三月十五日发难。后来因为军械迟延不到，不得不展缓①时日，又因事机不密，广州的官府把他们的秘密，都侦探出来了，广州城内加紧戒严，纷纷破获革命党的机关。黄兴等受着这种激迫，便等不得布置完备，临时变更计划，于三月廿九日发难，原定的先锋队十路，只调齐了四路，黄兴带了一路先锋队，冲入督署，总督走后门逃出，黄兴出了督署，又攻他所，忽遇防营将官温带雄带了数百兵队前来。这温带雄是已受了革命党人的联络，并且得了革命党的命令要他去捕捉总督的，因为表面还是官军，便没有佩戴革命党的白布臂章。黄兴的部下见了他们没有臂章，不知是同党，便向温带雄发枪，温即倒毙，和防营的兵士大起冲突。黄兴的部队当被冲散，其余三路也都失败，黄兴以孤身闯入一小店内，就于门隙②中射击敌人，敌散后见自身衣上血迹模糊，才

---

① 展缓：推迟（日期）。
② 门隙：门缝。

发觉自己打断三个指头，转辗（zhǎn）^①逃走，几天后才逃到香港。这次党员死了很多，顶有名的七十二人，尽葬在黄花岗。这是辛亥三月间事，不久，就有十月十日的武昌起义。

革命党人自广州失败后，志气颇为懊丧，但是到底不肯放松，振作精神，又谋向长江方面发展，尤其是注意武汉。便在武汉暗中设了许多机关，制造炸弹火药，招纳一些同志；在武汉的同志中，以新军的将官和兵士加入的为最多，党务蓬蓬勃勃，有一日千里^②之势，革命的空气便异常浓厚，就定了阴历八月廿五日起事。湖北官府也探得了革命党的消息，便加紧戒严，忽然汉口租界中的党人因制造炸弹失慎，炸药爆发，巡捕闻声齐来，捕去党员二名；接着湖北官府又在汉口、武昌破获几处机关，捕捉党员十余人，还搜去革命文告和党员名册等件。这时革命党的负责人员实不在武汉，又遇着这打击，就想把革命的进行，暂行停止；但是湖北官府所搜去的党员名册中，多属军人，因此军队中的党员，恐怕政府按名围捕，人人

---

① 转辗（zhǎn）：经过很多地方。
② 一日千里：原形容马跑得很快，比喻进展极快。

自危。于是工程营左队的熊秉坤，倡议即时发难，便于阴历八月十九日（即阳历十月十日）纠集军中同志，猛扑楚望台，占领军械局，辎重营由城外斩关而入，炮队马队也都变动起来。湖北的督抚瑞澂（chéng）和新军统制张彪，以及文武大小官吏，都慌忙弃城逃走。武昌便为革命军所有，汉口、汉阳也随即为革命军所占领。

革命军占领武昌后，还没有一个相当的首领；因新军协统黎元洪为人谨厚，平素颇为士卒所爱服，便强迫拥戴他为中华民国军政府革命军鄂（è）军都督。不到一个月，各省纷纷响应，宣告独立，除直隶、河南、山东、东三省，尚受清政府的支配外，民军已"三分天下有其二"了。

清朝见了革命军的势焰，便惊慌失措，要起用袁世凯做湖广总督，兼办剿匪事宜。这袁世凯是个奸恶的人，他见着清朝是不得不要请他出来，他便为自己的利益着想，故意推辞，使革命军的势力扩大，一方面借此挟制①清朝，取得军政大权；一方面表示缓

① 挟制：倚仗势力或抓住别人的弱点，强迫服从。

和，取得革命党人的同情。他便逼着清朝立即改行立宪，成立责任内阁制，这时清朝被他玩弄在手掌里，不得不承认，还授他为内阁总理大臣。他既得了大权，便把北洋的军队，尽拿在自己手里①，表面上出兵南下，攻打湖北，实在还是相机行事，务要取得中国，以便他来做皇帝②。

这时北方的清朝所余的领土，虽只有直、鲁、豫和东三省等地，但自袁内阁成立以后，已有了一个大权独揽的统合机关；南方革命军虽已取得中国领土三分之二，还没有一个统一的组织。于是独立各省会议组织临时政府，恰好南京正在这时为革命军所克复，就议定以南京为临时政府所在地；而革命的领袖孙中山也在这时从海外到了上海，各省代表就举定孙中山为临时大总统。自此中国的重心，就在南方的临时政府和北方的袁内阁，清朝是已经没有

① 北洋军是由袁世凯一手创办的，一直是只听袁世凯，不听清廷指挥。北洋军装备先进，训练有素，是当时中国战斗力最强的军队，也是唯一有可能扑灭革命党的军队。这是袁世凯能够要挟清政府的资本，并非等清政府给他权力以后，他才能控制北洋军。

② 袁世凯当时是要借机为自己谋求更多权力、利益，甚至是后来想要做民国的大总统，至少当时还没有想要当皇帝，最后称帝也是有形势发展的原因。

环游地球 现代 陈龙韬 《民权画报》载

共和

立宪

专制

说话的价值了。

　　临时政府的人员，以为只要推翻清朝，可以建设民主共和国，便把第一次大总统让给袁世凯，也是情愿的。在袁世凯的心里，虽然不赞成共和，然而借此可推倒清朝，自己攫（jué）得①大总统地位后，再行为所欲为，又何乐而不为呢？两方都有这种意思，就有许多政客出来奔走和议，果然和议的声浪，渐趋成熟。于是南方派了伍廷芳，北方派了唐绍仪，在上海开和平会议。结果，成立中华民国，清朝皇帝自行退位，孙中山辞去临时总统职，正式选举袁世凯为大总统。

　　本来和议时是议定以南京为国都，袁世凯当选为大总统后，恐怕失去北方的系统，便背弃前议，仍然把北京为国都。

---

　① 攫（jué）得：夺得。攫，原指鸟用爪抓取，用于人则表示怀着贪婪之心而急取猛夺。

文史充电站

　　《辛丑条约》签订以后，清政府也逐渐意识到需要有所改变，于是推行了一些新的法令，包括兴建新式学堂，引进西学，派遣留学生出洋，废除科举，鼓励发展近代工业，等等。之前康有为、梁启超等维新派提出的改良办法，清政府极力排斥，这时也开始主动采用了。在军事方面，清政府认识到必须要训练新式军队，改进武器装备，改行洋操。然而清廷的改革十分不彻底，尤其是政治改革，并没有将权利与人民共享的真心，只是做做样子，于是就更加不得人心了。被清政府派往海外的留学生，见到了西方和日本社会的先进，意识到清廷的腐败无能，很多人开始激烈反清。清政府着力打造的新军，也被革命党渗透，进行革命宣传，很多新军将士不愿为清廷卖命，逐渐走上为人民争权利、为国家谋自立的革命道路。黄花岗起义虽然轰轰烈烈，但没有新军的广泛参与，力量仍然比较薄弱，等到几个月后，武汉的新军直接起义，革命就一举成功了。

清政府想要培养的人才，最终都起来反对自己，它想要建立的保卫自己的军队，最后把自己推翻了，根本原因还是在于清廷专制腐败，软弱无能，不得人心。

历史原典研读

孙中山《〈黄花岗烈士事略〉序》

满清末造，革命党人历艰难险巇（xī）①，以坚毅不挠之精神，与民贼相搏，踬踣（zhìbó）②者屡，死事之惨，以辛亥三月二十九日围攻两广督署之役为最，吾党菁华，付之一炬，其损失可谓大矣。然是役也，碧血横飞，浩气四塞，草木为之含悲，风云因而变色。全国久蛰之人心，乃

---

① 险巇：指道路艰难。
② 踬踣：比喻遭受挫折。

大兴奋。怨愤所积，如怒涛排壑①（hè），不可遏抑，不半载而武昌之大革命以成。则斯役之价值，直可惊天地，泣鬼神，与武昌革命之役并寿。

顾自民国肇（zhào）造，变乱纷乘，黄花岗上一抔土，犹湮没于荒烟蔓草间。延至七年，始有墓碣（jié）之建修；十年，始有事略之编纂。而七十二烈士者，又或有记载而语焉不详，或仅存姓名而无事迹，甚者且姓名不可考，如史载田横事，虽以史迁之善传游侠，亦不能为五百人立传，滋可痛矣。

邹君海滨，以所辑《黄花岗烈士事略》丐序于余。时予方以讨贼督师桂林。环顾国内，贼氛方炽，杌陧（wùniè）之象，视清季有加，而予三十年前所主唱之三民主义、五权宪法为诸先烈所不惜牺牲生命以争之者，其不获实行也如故，

---

① 壑：山沟或水坑。

则余此行所负之责任，尤倍重于三十年前。倘国人皆以诸先烈之牺牲精神为国奋斗，助予完成此重大之责任，实现吾人理想之真正中华民国，则此一部开国血史，可传世而不朽。否则不能继述先烈遗志且光大之，而徒感慨于其遗事，斯诚后死者之羞也。

余为斯序，既痛逝者，并以为国人之读兹编者勖①（xù）。

---

① 勖：勉励。

国民革命军的北伐

中华民国成立以后，同盟会改称为国民党，本想和袁世凯同心合作，造成一个伟大灿烂的中华民国。不料袁世凯包藏着野心，图谋他的帝制运动，对于国民党加以十分的摧残，派遣刺客把国民党中的中坚分子宋教仁也刺杀了。自这宋案一出，国民党和袁世凯便立于敌对地位，于是国民党举行第二次革命，兴动江西、南京的军队，出军讨袁，反被袁世凯的兵打得大败，国民党的重要人物，尽逃走海外，国内国民党的机关，尽被袁世凯强迫解散了。孙中山又在海外组织中华革命党，继续和国内的军阀奋斗。

民国四年时，袁世凯的帝制运动成熟了，自称中华帝国皇帝，定于民国五年一月一日即皇帝位，并改民国五年为洪宪元年。民党要人蔡锷（è），他从前做过云南都督，这时被袁世凯软禁在北京，他首先赞

给孩子的中国历史故事 4

成帝制，并且故意狂嫖（piáo）阔赌，做成浪漫行为；袁世凯以为他是个浪漫青年，便不把他放在心上，监视也疏忽了；他便乘机逃出北京，袁世凯听得蔡锷逃走，吓得非同小可，知道事情不妙。果然蔡锷自京中逃出，便走到云南，组织护国军，宣布云南独立，反对帝制，接着广西、贵州、湖南、四川等省纷纷响应独立，袁世凯正要称帝为王的时候，忽受了这一打击，料想对敌不住，便自己撤销帝制，废止洪宪年号，自此袁世凯又羞又愤，不到几个月，就急得成病死了。

袁世凯死后，黎元洪接着做大总统，但是政权操在段祺瑞手里。这段祺瑞是袁世凯的部下，他在北洋军阀中资格很老，所以袁世凯一死，他便接着做了北洋军阀的首领，招致一些党羽，自成一派，称为皖（wǎn）系。同时张作霖（lín）占据奉天，拥有很大的军权，也自成一派，称为奉系。后来吴佩孚（fú）起来推翻段祺瑞，皖系的势力，尽被吴佩孚所夺，于是吴佩孚又自造成一派，称为直系①。还有西南各省起了无数小军阀，都是拥军割据，北京政府的号令，不能出都

---

① 直系军阀的开创者是与段祺瑞资格相当的曹锟、冯国璋等人。

门，徒拥着虚名罢了。这种混乱的局面，在中国历史上，恐怕要超过五代的混乱咧。

孙中山在海外见着国内军阀专横，把他所艰难缔（dì）造的中华民国，闹成中国历史上又一个混乱的局面；他虽然痛心，仍然本着他的革命精神，要谋把中国的政治彻底改造。他便回到广东，组织军政府，被选为大元帅，于是出师北伐，由江西进攻，一直攻进了赣（gàn）州，江西省城也震动起来。忽然他的部下陈炯（jiǒng）明受了吴佩孚的运动，称兵反叛，发兵围攻军政府，把房屋焚烧了，中山一生许多著作也被火焚，这是他所最痛心的事。中山无力抵抗，只得逃避到军舰上，等候北伐军撤回，平定乱事，但是北伐军又被陈炯明发兵拦阻，不能撤回，中山便走到上海。后来北伐军得着滇（diān）军和桂军的援助，一同回攻广东，把广州攻破了，陈炯明退保惠州，中山才得又回到广州，重行建立大元帅府。

这时的军阀，以吴佩孚的势力最大，他连把张作霖打败，使张作霖缩居东三省，不敢入关一步，其余的小军阀，自然唯唯听命，所以他的势力，足以左右全国，他便拥戴曹锟（kūn）做北京政府的大总统。

这时广州的军政府只拥着广州一隅，要和挟着直系军阀势力的北京政府对敌，真是有些为难。所以中山便用出他的革命手段来。

在民国十二年，中山把中国国民党重新改组，统一党的组织，定出党的政策，实行一党专政。还派了蒋中正到苏俄，考察赤卫军的组织和共产党的纪律。等到蒋回国后，就命蒋办理黄埔（pǔ）军官学校，革命军的基础，就从此确定，后来革命事业的发展，都是得力在此处，一面又和苏俄联络，并允许共产党员加入中国国民党，从此党的进展，真是一日千里，革命的空气，便弥漫了广东。

这时曹锟做了总统后，奉直的战事又起，吴佩孚亲率了大军，正在榆（yú）关前线和奉军决战。冯玉祥是直系的第三军总司令，担任热河方面的军事，忽然倒戈相向，秘密开拔回京，一面攻打吴佩孚的后路，一面逼迫曹锟退职，结果，吴佩孚打得大败，逃避到南方去了，曹锟也自行退职。曹锟退职后，政府没有人负责，就由冯玉祥和张作霖等共推了段祺瑞出来，执行政事，组织执政政府。段执政登台后，便主张召集国民代表会议，还电召中山入京商议。本来对内召

东亚国际球战中华队员入选蠡测 现代 纪业侯《时代漫画》载

开国民会议，对外取消不平等条约，是中山素来的主张，所以他接到此电时，已经生了病，还要扶病入京，想贯彻他的主张。

中山到了京中，他的主张又不能为段祺瑞所容纳，而且病又一天天加剧，延至十四年三月十二日，就在北京逝世。中山死后，丧仪极为隆重，国民党员便趁了这机会，尽力宣传中山的主张，因此国民党的主义，便深深地印入北方民众的脑海中了。

中山死后，他的党徒们因为失去了革命的导师，都感觉着异常的沉痛！但是当时反革命势力，也因着中山之死，想乘着这个机会，节节向着革命势力进攻，由是反促成了革命分子之精神团结，和中国国民党党员们之努力奋斗。在同年六月初间，广州的中央执行委员会，便定了一个很严重的决议案，大意是：想整顿中国，必先整顿广东；要整顿广东，又非要实行军事统一、民政统一、财政统一，军需独立和各军都须受党的政治训练不可！自从这个方案一一实行，党的力量就日渐充实和庞大；所以不到好久，首先便消灭了广东内部勾结帝国主义和反动派的两个军阀杨希闵（mǐn）与刘震寰（huán），随后党军又攻下了惠州，把反动军阀陈炯明的残余势力，彻底肃清，从此广东便完全统一了。那时国民政府在中国国民党领导之下，关于政治经济文化上，着实有了不少的建树，民众对于他们的信仰，也一天天地增加起来，不论男女老幼都相率愿为国民革命的后盾，这样的革命高潮，真可谓是空前所未有咧！所以他们到了次年（十五年）六月六日，国民政府军事委员会，便委任蒋中正为国民革命军总司令，蒋于七月九日，就职誓师以后，即于二十七日下令北伐。

那时正值北京执政府的段祺瑞，被鹿钟麟（lín）所驱逐逃匿天津，吴佩孚又从南方兴起，带兵入京与张作霖合作，以致北京的政权由吴佩孚、张作霖两个军阀所左右，而吴、张对于后继政府的人选问题又互相水火。结果虽经张氏让步，准许颜惠庆一度摄阁，但颜氏旋即辞职，并任命海军总长杜锡珪（guī）兼代国务总理摄政，从此执政府便无形消灭。而当时国内军阀，在北京的空头政治底下，便形成了三大势力：如直系的吴佩孚据有鄂、豫两省，并直隶、保定、大名一带的地盘，孙传芳据有苏、浙、闽、皖、赣五省，奉系的张作霖占有东三省和山东、直隶等处。他们眼见着南方革命势力之崛起，虽然在表面上，不能不有相当的联络，但为个人权力和地盘思想所控制，骨子里依然是同床异梦、积不相能^①，革命军看透了他们的内幕，乃采用各个击破的战略。

于是国民革命军分三路出发，一路进取福建，一路沿湖南、广东边境向江西方面警戒，其主力军则由湖南直捣武汉。那时革命军所到之处，不拉夫、不筹饷、不住民房，因此受各地民众热烈的欢迎，尤其是农工群众，都欢天喜地自动地帮助革命军，输送子弹粮秣（mò），当侦探，做向导，革命军得着这样大的助力，不到几个月便占领了武昌、汉口，吴佩孚的势力根本动摇，随即攻占南昌，给孙传芳一个绝大的打击，于是中央党部和国民政府都由广州迁到武汉。翌（yì）年三月又攻破了南京，那时发现了□□□^②消灭国民党的阴谋，蒋中正便在南京另组中央党部和国民政府，由是形成了宁汉对峙的局面。但在宁汉分立的期内，宁汉两方都仍向北进攻，孙传芳退往江北，吴佩孚亡命豫西，冯玉祥和阎（yán）锡山都变成了

---

① 积不相能：长期以来不相友善，一向不合。能，亲善。
② 此处空三字，下同。

给孩子的中国历史故事
4

大旱望云霓图（局部） 现代 胡考《时代漫画》载

国民革命军。到八月间，宁汉两方实行合作，肃清□□分子，合组统一政府，武汉的中央党部和国民政府，都归并于南京。十七年，蒋中正又带兵北伐，占领山东，孙传芳做了亡命之客，张作霖也慌得由北京退回奉天，在路中遇炸死了。张作霖的儿子张学良，不久也归顺了国民革命军，从此北洋军阀，尽被国民革命军打倒了。于是青天白日的旗帜，插遍了中华民国，在国民党领导之下，完成统一。

国民党的统一更多只是形式上的统一，实际上南京国民政府的权威相当有限。从国内来说，国民革命军虽然消灭了吴佩孚、孙传芳的势力，而其他人比如张学良、阎锡山、冯玉祥等仍手握重兵，他们虽然都声称支持国民政府，但并不十分愿意听从蒋介石的调遣，南京政府的政令到了他们那里是要打折扣的。此外，甘肃、新疆等西北边疆地区的地方军阀势力很盛，国民政府一直未能对其实现强有力的控制。即便是国民革命军内部，也逐渐形成了新的军阀派系，如李宗仁、白崇禧等拥有强大的武力，与蒋介石分庭抗礼。这些问题，蒋介石政府一直未能很好解决。对外方面，南京政府未能摆脱帝国主义势力的控制，英美等西方国家从清政府那里取得的侵略利益，国民政府基本予以承认，对于日本越来越猖狂的侵略行径，南京政府也没有拿出有效的遏制办法。国民革命军所开展的北伐战争的确可以说是中国军事史上的一个奇迹，由此产生的国民政府，虽然形式上完成了统一，实际上对全国的控制还相当薄弱，中国革命的任务还远远未能成功。